课题基金项目：秦皇岛市科学技术研究与发展计划项目
项目编号：202401A177
课题名称：京津冀协同发展背景下，秦皇岛市科技创新型企业知识产权法律保护问题研究

网络环境视域下
著作权法律保护问题研究

刘丽华　著

中南大学出版社
www.csupress.com.cn
·长沙·

图书在版编目(CIP)数据

网络环境视域下著作权法律保护问题研究 / 刘丽华著. --长沙: 中南大学出版社, 2025. 1.

ISBN 978-7-5487-5946-1

Ⅰ. D923. 414

中国国家版本馆 CIP 数据核字第 2024BV4588 号

网络环境视域下著作权法律保护问题研究

WANGLUO HUANJING SHIYU XIA ZHUZUOQUAN FALÜ BAOHU WENTI YANJIU

刘丽华　著

□出 版 人　林绵优
□责任编辑　沈常阳
□责任印制　李月腾
□出版发行　中南大学出版社
社址: 长沙市麓山南路　邮编: 410083
发行科电话: 0731-88876770　传真: 0731-88710482
□印　　装　河北万卷印刷有限公司

□开　　本　710 mm×1000 mm 1/16　□印张 13.75　□字数 203 千字
□版　　次　2025 年 1 月第 1 版　□印次 2025 年 1 月第 1 次印刷
□书　　号　ISBN 978-7-5487-5946-1
□定　　价　78.00 元

前言 Preface

著作权是指作者在法律规定的有效保护期内，依法对其创作的文学、艺术或科学作品所享有的专有权利。著作权法律法规的制定与实施不仅有利于维护知识产权法治秩序，促进本国智力资源开发，还有利于在全社会形成“尊重知识，尊重人才”的法律环境和社会环境，对推动社会进步具有积极意义。

进入21世纪，网络信息时代的来临为著作权的保护带来了不小的挑战。近些年，随着信息技术的高速发展，我国出现越来越多新型著作权保护问题，如数字版权问题、视听作品著作权侵权纠纷、新型著作权侵权现象等。为适用于网络环境下的著作权保护，《中华人民共和国著作权法》历经数次修正。

2020年，《中华人民共和国著作权法》进行第三次修正。此次修法不再像以往主要是出于国际公约的要求，而是出于完善我国著作权制度的内在需求，这是我国为解决新时代著作权问题进行的重要探索，其不仅对国际版权法的发展进程产生了深远影响，还成为数字时代立法的典范。

目前，新修正的《中华人民共和国著作权法》已经生效，本书就在这一背景下对当前网络环境下著作权法律保护问题进行了综合分析，期望为未来著作权发展提供借鉴。

本书包括八章内容，第一章以网络环境为切入点，对网络的发展过程和影响、现阶段网络生态环境、网络安全与保护进行了详细阐述，以帮助读者更加深入地了解网络环境与法律保护之间的关系。

第二章内容为著作权与著作权制度概述，对著作权的概念及特点、著作权制度的产生和发展、著作权的权利使用进行了介绍，以帮助读者构建著作权理论框架，更好地理解著作权的内涵。

第三章内容是著作权的权利主体与权利客体法律保护问题，介绍了著作权的权利主体与权利客体，分析了法人作品著作权归属、网络著作权利益平衡问题，探讨了民间文学艺术作品、数字出版作品、短视频作品等客体法律保护问题。

第四章内容是著作权的邻接权与集体管理，对著作权的邻接权、集体管理进行了详细介绍。

第五章对著作权侵权的法律问题进行了详细阐述，重点介绍了著作权侵权的法律责任和著作权侵权的赔偿与救济。

第六章内容为著作权纠纷案例分析，主要选取了近些年较为典型的著作权侵权纠纷和合同纠纷案例进行分析，并对“洗稿”、同人创作、文学作品数字版权、网络游戏直播等引发的信息时代著作权纠纷案例进行了详细分析，以为不同类型案件的判定提供指引。

第七章介绍了网络发展对创作和作品传播的影响，以及网络发展给著作权保护带来的挑战。

第八章重点关注了网络环境下著作权法律保护的实践问题，提供了更具体和实用的内容，有助于读者更好地理解和应对相关挑战。

鉴于笔者水平有限，书中难免存在不足之处，敬请各位同行及专家学者予以斧正。

目录 Contents

第一章　网络环境概述

第一节　网络的发展过程和影响

一、网络概述

（一）网络概念

《现代汉语词典》（1993 年版）中对“网络”做这样的解释：“在电的系统中，由若干元件组成的用来使电信号按一定要求传输的电路或这种电路的部分，叫网络。”而后，网络一词被广泛应用于计算机领域，表示信息传输、接收和共享的虚拟平台。人们可以通过网络将各个点、面、体的信息联系到一起，从而实现资源共享。

目前，学术界对网络的概念并没有统一的定义。网络这一中文词语对应的英文是“network”，network 主要指网络的物理形态。最早的网络指将计算机连接到一起所形成的用于交换数据的虚拟平台。随着信息科技的不断发展，目前可以连入网络的不再仅限于普通计算机，还包括电视、手机等各类信息终端和设备；网络也不再仅限于数据交换这一功能，还具备了信息收集、信息储存、信息传输、信息处理等功能。

《中华人民共和国网络安全法》（以下简称《网络安全法》）将网络界定为“由计算机或者其他信息终端及相关设备组成的按照一定的规则和程序对信息进行收集、存储、传输、交换、处理的系统”。这也是从物理形态方面对网络进行的界定。

（二）网络分类

网络可以根据不同分类标准进行分类，如传输介质、通信方式、通信距离等。

1. 根据传输介质分类

根据传输介质的不同，网络可以分为有线网和无线网。有线网指采用同轴电缆、光纤等有线介质连接的网络；无线网指以空气为传输介质，以电磁波为载体传输数据的网络。

有线网使用的传输介质包括同轴电缆和光纤等。同轴电缆是一种传输信号的电缆，它由中心导体、绝缘层、金属屏蔽层和保护层组成。同轴电缆可以传输高频信号，并且在长距离传输时减少信号损失。光纤则是一种利用光信号传输数据的介质，它由纤维芯和包覆层组成。光纤的传输速度快、抗干扰性强，能够支持大容量的数据传输，并且具有较长的传输距离。

无线网常见的技术包括 Wi-Fi、蓝牙和移动网络。Wi-Fi 是一种无线局域网技术，主要使用 2.4 GHz 或 5 GHz 频段的无线电波传输数据，可以在一定范围内提供无线网络连接。蓝牙是一种短距离无线通信技术，适用于设备之间的数据传输和通信。移动网络则是通过蜂窝通信基站和移动设备之间的无线通信实现数据传输的，其包括 2G、3G、4G 和 5G 不同的移动通信标准。

2. 根据通信方式分类

根据通信方式的不同，网络可以分为点对点传输网络和广播式传输网络。

点对点传输网络是指数据以点到点的方式在计算机或通信设备之间传输。在这种网络中，数据从发送方直接传输到接收方，不存在数据在网络中广播或共享的情况。一个常见的例子是星型网络，其中每个计算机或设备都通过专用连接通道与中央节点（如交换机或路由器）相连。数据会从发送方经过中央节点转发到目标接收方，实现点对点的数据传输。

广播式传输网络是指数据在共享介质中进行传输，可以被多个设备同时接收。在这种网络中，数据会被广播到整个网络或特定的子网，所有连接到该网络或子网的设备都能接收到数据。无线网络和总线型网络是广播式传输网络的常见例子。无线网络通过无线电波将数据广播到覆盖范围内的设备中，使其能够接收到数据。总线型网络中，多个设备通过共享同一根传输线（总线）进行通信，数据被广播到总线上，所有连接到总线的设备都能接收到数据。

点对点传输网络和广播式传输网络各有其优势和适用场景。点对点传输网络通常更适合安全性要求较高和需要点对点通信、数据隔离的场景，如企业内部网络或机密数据传输。广播式传输网络则适用于需要向多个设备同时传输数据的场景，如无线网络覆盖范围内的设备或需要共享资源的网络环境。

3. 根据通信距离分类

根据通信距离的不同，网络可以分为局域网、城域网和广域网。

（1）局域网简称“LAN”，是最常见、应用最广的网络，其性能较为稳定，封闭性较强，分布范围有限，常采用有线传输介质传输数据。常见的局域网包括校园网、企业网等。

（2）城域网简称“MAN”，是在一个城市范围内建立的计算机通信网。城域网覆盖范围较大，且主要传输媒介为有线网，节点之间的物理链路跨越市区。城域网的重要用途是作为骨干网，将同一城市不同地点的主机、数据库和局域网等连接起来。

（3）广域网简称“WAN”，也称远程网，是一种覆盖范围广、跨越大的网络的集合，其覆盖范围可以是省、国家，甚至全球。广域网通常采用的传输介质类似于电信部门组建的通信路线，如光缆通道、长途电话线、卫星通道等。

（三）网络功能

作为信息传输、接受、共享的虚拟平台，网络能将不同维度的信息联系到一起，从而实现资源共享。网络以共享为主要目标，具有数据通信、资源共享、集中管理、冗余备份、负载均衡、分布式处理等多种功能。

1. 数据通信

网络能够实现计算机与终端设备、计算机与计算机之间的信息快速传递，包括文字信息、图片数据等。通过连接分布在不同地区的计算机系统，网络可以实现各种信息的快速传递，从而缩短不同地点计算机之间数据传输的时间。这对于许多领域的重要应用具有重要意义，如股票交易、电子商务、电子邮件的收发、在线视频的观看以及协同工作等。

在股票交易中，网络的数据通信能力使得投资者可以迅速获取股票市场的信息，并进行实时交易。在电子商务领域，依靠网络的数据通信，商家能够迅速展示和销售产品，顾客也可以方便地进行在线购物。电子邮件的传输也离不开网络的数据通信，其可以使人们快速地发送和接收电子邮件，实现即时沟通。在线视频的传输通过网络的数据通信功能，可使用户流畅地观看视频内容。在协同工作中，网络的数据通信功能使得团队成员可以实时共享和编辑文件，提高工作效率。

数据通信是网络的重要功能，它能够快速传递计算机与终端设备、计算机与计算机之间的各种信息。这种能力对于许多应用领域十分重要，既为高效的数据传输和即时通信的实现提供了基础，也推动了信息社会的发展和各种在线活动的实现。

2. 资源共享

网络具备资源共享的功能，这意味着通过通信线路连接的计算机终端可以相互传输和共享资源。单独的计算机系统的资源是有限的，但通过接入网络，使得用户不仅可以利用自身的资源，还可以访问和共享网络上的其他资源。网络共享的资源包括硬件资源、软件资源和数据信息资源。

硬件资源是指网络中可共享的物理设备。例如，多个计算机可以共享一台打印机，通过网络连接，每台计算机都可以发送打印任务到共享的打印机并进行打印。此外，网络中还可以共享其他硬件设备，如光碟阵列（CD/DVD 驱动器的集合）和大容量磁盘（用于存储和共享大量数据）等。通过资源共享，多台计算机可以共同访问和利用这些硬件设备，从而提高资源利用效率。

软件资源是指网络中可共享的应用程序和软件工具。通过网络，用户可以访问和共享其他计算机上安装的软件资源。这意味着用户无须在每台计算机上独立安装软件，而是可以通过网络连接访问其他计算机上已经安装的软件，并在自己的计算机上运行和使用它。这种资源共享可以节省存储空间和软件许可证成本，并提高软件的管理和更新效率。

数据信息资源是指网络中可共享的文件、数据库和其他数据资源。通过网络，用户可以访问和共享存储在其他计算机上的数据和信息。这使得多个用户可以同时访问和编辑同一份文件或数据库，实现协同工作和数据共享。例如，在一个企业网络中，员工可以通过共享文件夹或共享数据库的方式共享和获取必要的数据资源，从而促进信息的交流和员工的共同工作。

3. 集中管理

网络的一项重要功能是能够实现集中管理，尤其适用于地理位置分散且需要集中管理的组织和部门。通过网络，这些组织和部门可以实现信息的集中管理。一些具体的例子包括火车票订票系统、证券交易系统和银行通存通兑系统等。

火车票订票系统是一个典型的需要集中管理的应用领域。在传统的方式下，火车票的订购和管理可能需要在不同的车站和地点进行，导致信息分散和处理效率低下。通过网络，各个车站和地点可以连接到一个集中的管理系统，将火车票订购和管理的信息进行集中存储和处理。这样，无论是售票、退票还是查询，都可以在集中管理系统中进行，无形中提高了操作的便捷性和效率。证券交易系统也需要通过网络进行集中管理。在证券市场中，投资者和交易员分布在不同的地方，但他们需要快速访问和交易股票与其他金融产品。通过网络，交易所和证券公司可以建立一个集中的交易平台，使得投资者和交易员可以通过网络连接进行证券交易。这样，交易的信息处理就可以集中在一个系统中进行，从而提高交易的可靠性和效率。银行分支机构和 ATM 机分布在不同的地点，但用户需要能够随时存款和取款。通过网络，各个银行分支机构和 ATM 机可以连接到一个集中的系统，实现账户管理和交易的集中处理。这样，用户就可以在任何一个分支机构或 ATM 机上进行存、取款操作，而系统也能够实时更新账户信息，从而提高银行业务的便利性和效率。

4. 冗余备份

网络具备冗余备份的功能，其可以提高系统的可靠性和容错能力。冗余备份是指网络中的每个终端都可以将重要资源进行多地备份，以应对计算机或通信连接出现故障的情况。这对于关键的业务和服务来说至关重要，能够确保系统持续运行并提供高质量的服务。

通过冗余备份，关键的资源如数据、文件、应用程序等可以在多个地点进行备份存储。当一个地点的计算机或通信连接出现故障时，系统可以通过切换到备份资源来维持正常的运行。这样，系统仍然可以继续提供服务，减少了系统停机和业务中断的风险。在网络中，常见的冗余备份方式包括硬件冗余和数据冗余。硬件冗余是通过在关键设备中增加冗余的硬件组件来实现的，如冗余电源、冗余硬盘阵列、冗余网络设备等。当主要硬件出现故障时，备用硬件可以接管工作，以保证系统的连续性和稳定性。数据冗余则是将关键数据进行多份备份存储。这可以通过在不同的地点建立数据中心或备份服务器来实现。当主要数据存储出现故障或重要数据丢失时，备份数据可以恢复到原始状态，以避免数据损失和业务中断。

冗余备份还可以结合其他技术，如故障转移和负载均衡，来进一步提高系统的性能和可靠性。故障转移是指当一个节点或连接发生故障时，系统可以自动切换到备用节点或连接上，以保持服务的连续性。负载均衡则是指通过在多个服务器之间均衡分配任务和流量，来提高系统的可靠性。

5. 负载均衡

负载均衡是网络的一项重要功能，可以有效提高网络终端的可用性。负载均衡适用于需要处理大量任务或请求的系统和服务，能够确保系统平稳运行，并提供稳定高效的服务。当网络终端的任务负载过重时，负载均衡能够将任务进行分散，让任务较少的终端来分担负载，从而实现各终端之间的负载均衡。

在网络中，负载通常指的是计算任务、数据传输或请求处理等。当某个终端处理的任务过多，无法及时有效完成时，负载均衡可以将任务分发给其他负载较轻的终端来处理。这样，任务的负载就会被均衡地分发到多个终端上，避免了某个终端的过度负载，提高了终端的可用性。

负载均衡可以通过多种方式实现，有一种常见的方式是基于服务器的负载均衡。在这种情况下，多个服务器被组成一个服务器集群，当有任务到达时，负载均衡器会根据预设的算法将任务分发到集群中的某一台服务器上进行处理。这样做可以使任务在多个服务器上均匀分布，从而提高整个系统的处理能力。另一种方式是基于网络设备的负载均衡。例如，负载均衡器可以作为网络设备中的一部分，将任务的请求根据设定的负载均衡算法分发到不同的终端设备上。这样做可以在网络层面实现负载的均衡，减轻特定终端设备的负载压力。负载均衡还可以结合其他技术，如故障转移和动态配置，来进一步提高系统的可用性。例如，当某个终端设备出现故障或不可用时，负载均衡可以自动地将任务重新分发到其他可用的终端设备上，以保证系统的连续性和稳定性。

6. 分布式处理

分布式处理是网络的一项重要功能，它可以利用若干台独立的计算机，通过网络的相互协作来处理较为复杂的任务。这种处理方式具有强大的系统性能，能够解决复杂问题并提高效率，同时降低成本。

在分布式处理中，任务被分解成多个子任务，并分配给不同的计算机进行处理。这些计算机可以分布在不同的地理位置，且彼此通过网络连接。每台计算机都独立运行，处理分配到的子任务，并通过网络与其他计算机进行通信和协作。所有计算机共同合作完成整个任务，并将结果进行合并和汇总。

通过并行处理和分布式计算，多台计算机可以同时进行任务处理，这大大提高了系统的处理能力。任务被分解成多个子任务并在多台计算机上并行执行，从而加快了完成速度。分布式处理可以应对复杂的计算和处理任务，通过将任务分解成多个子任务并交由不同计算机进行处理，可以解决那些对单个计算机来说过于庞大或复杂的问题。每台计算机负责处理复杂任务重的一部分，最后再通过协作将每台计算机的处理结果融合起来，达到完成整个任务的目的。由于分布式处理中存在多台独立的计算机，即使其中一台计算机发生故障或失效，其他计算机仍然可以继续工作，这就保证了系统的连续性和可靠性，减少了单点故障的风险。

相较于单个高性能且高成本的计算机，分布式处理可以利用多个低成本的计算机来协同工作。这样可以在不增加大型计算机的成本的情况下，利用现有的计算机资源来满足系统需求，降低成本。

分布式处理利用多台独立的计算机，通过网络的相互协作来处理复杂任务，具有提高系统性能、解决复杂问题、提高可靠性和容错性以及降低成本等优势。这种处理方式在大规模计算、科学研究、数据分析等领域具有广泛的应用前景。

（四）网络特征

网络基本特征包括海量信息与共享性、即时性与交互性、开放性与自由性、虚拟性与真实性等。

1. 海量信息与共享性

网络能够将各种信息终端连接起来，实现海量信息资源的共享。数据存储技术的进步大幅度压缩了数字信息存储的空间，使得大量的信息资源用很小的存储设备就能够轻松装下，从而使数据信息传递更为便捷。此外，网络能够实现各终端之间信息的双向传送，提供更为高效的沟通渠道。

随着高速宽带的发展和完善，人们可以在网络上找到生产、科研、医疗、教育、娱乐、生活等各种各样的信息。网络有效整合了多种信息媒体传播形式，能够为人们提供文本、图片、动画、声音等多种信息，呈现出了一个动感、缤纷的世界。网络作为最大的数据库和信息量最丰富的媒介，人们可以通过网络随时随地搜索、获取各种知识。

相较于传统信息来源，网络不仅更为便捷，而且获取信息的成本更为低廉，可以说，信息资源的共享性是网络最具吸引力的地方。正是由于网络信息资源的共享性，才衍生出网络新闻组、信息检索、电子商务、远程教育、网络论坛等多种网络服务功能。

2. 即时性与交互性

（1）即时性。相较于传统的传播方式，网络传播方式具有迅速和即时的特点。基于数字化电子通信技术，网络能够实现信息的快速采集、加工、制作和发布，使信息发布的时间变得即时化。网络实时报道者能够立即发布信息，而网络用户也能够通过网络平台进行即时的反馈和互动。在网络中，用户不仅是信息的接收者，还可以成为信息的提供者和发布者，通过参与网络媒体和与其他用户的互动，共同创造和传播信息。

这种即时性的特点使网络传播成为一种高效、快捷的信息传递方式。无论是新闻的报道、社交媒体的分享还是即时通信工具的交流，都可以通过网络实现即时传播。网络用户可以迅速获取最新的资讯和动态，也可以通过即时互动与他人进行实时的交流和讨论。

同时，网络传播的即时性也给人们带来了一定的挑战。由于信息的快速传播，错误、虚假或不准确的信息也可能在短时间内迅速扩散，对社会和个人产生负面影响。因此，网络用户和网络媒体在信息传播过程中需要积极审查和核实信息的真实性，以确保传播的信息准确可靠。

网络传播方式的即时性为信息的获取和传递提供了便利，使得信息能够被快速地传播给更广泛的受众。这种特点也促使网络用户更加重视信息的质量和可信度，并在网络传播中积极参与并发挥自身信息传递的双向功能。

（2）交互性。网络的交互性是指在网络环境下，用户可以自由地进行信息交流、观点分享和互动。这种交互性得益于网络数据传输的双向性和快速性，使得用户能够以即时的方式与他人进行沟通和互动。

在网络中，用户可以利用各种网络工具（如社交媒体、即时通信软件等）与他人进行交流分享。用户可以表达自己的想法和感受，并与其他用户进行互动和讨论，从而促进信息的流动和知识的共享。网络的交互性还体现在用户能够根据自己的需求选择浏览和发布的信息，并即时给予反馈。用户可以根据自己的兴趣和需求，在网络上搜索、筛选和订阅感兴趣的内容，获取个性化的信息体验。同时，用户还可以通过点赞、评论、分享等方式对他人发布的内容进行反馈和互动，形成了多样化的交流渠道和社交网络。网络交互性还拓展了用户的体验范围。通过网络游戏、虚拟现实技术和在线旅游等，用户能够获得身临其境的视听体验，与他人共同参与虚拟世界的互动和探索。

网络的交互性使得用户能够以即时、自由和多样化的方式进行信息交流和互动。这种交互性不仅丰富了用户的网络体验，还促进了信息的传播、知识的共享和社交关系的建立。

3. 开放性与自由性

（1）开放性。网络的开放性体现在三个方面。首先，网络能够在全球范围内运作，并与现实世界的空间相对应。这意味着通过互联网，人们可以在不受地理限制的情况下进行通信、交流和合作。无论身处世界的哪个角落，只要有互联网连接，个人、组织和机构就都可以参与其中。其次，网络对所有上网用户开放，除了一些特殊情况（如安全保密部门等网站修筑防火墙，防止非法入侵），绝大多数网站对网络用户的开放度都是相同的。这意味着人们可以自由地访问和使用互联网上这些开放的资源，包括浏览网页、使用在线服务、参与社交媒体等。最后，网络对全球的影响力较大，网络上的任何事件或信息都可能迅速波及全球，辐射世界每个角落。这是由于网络的实时性和互联性，使得信息可以瞬间传播到全球范围。这种全球性的影响力使得互联网成为一个重要的平台，推动了全球化的进程。同时，网络也为个人和组织提供了影响全球的机会，他们可以通过网络平台传播信息，推广产品或服务，并与全球范围内的人们进行互动。

网络的这种开放性为人们提供了无限的机会和可能性，推动了信息社会的发展和全球化的进程。

（2）自由性。网络的自由性体现为用户在网上的行为选择和意思表达几乎不带任何强制性。用户可以根据自己的意愿在网络中获取所需的信息，并可以输出信息，表达自己的观点。这种自由性赋予了用户高度的自主性，使得他们能够自由地决定自己在网络上的行为和表达方式。用户可以选择访问特定的网站，参与特定的社交媒体平台，或者使用特定的在线服务，而这些选择并不受外部限制。

网络的自由性为用户带来了前所未有的自由感，使他们能够自由地追求知识、获取信息、参与社交互动，并表达自己的观点和意见。这种自由性促进了知识的传播和共享，拓展了信息的多样性和开放性，同时推动了创新和个人发展。然而，需要明确的是，网络的自由性是在法律范畴之内的。用户在享受网络自由的同时，也应该意识到网络并非法外之地，自身的行为仍然受法律和道德准则的约束。在传播观念和表达观点时，用户应该遵守法律的规定，不散布虚假信息，不侵犯他人权益，不进行非法活动或其他违法行为。网络自由并不是无限制，而是建立在法律和社会规范基础上的自由，这样才能保障网络环境的健康、安全和公正。

用户在享受网络自由的同时，也应该有责任意识，遵守法律规定，维护网络空间的秩序。只有在法律框架内行使自由权，才能实现网络的长期健康发展和用户的持久自由。

4. 虚拟性与真实性

（1）虚拟性。网络的虚拟性主要体现在两个方面：网络的存在状态和网络信息形式、时空虚拟和社会虚拟。网络的存在状态是无形的。与现实世界不同，网络本身没有具体的物质形态，它是一个抽象的概念，是由一系列连接的计算机和通信设备组成的虚拟空间。网络中的信息形式都是数字符号。在网络上，信息以数字的形式进行存储、传输和呈现。无论是文本、图像、音频还是视频，都被转化为二进制数据进行传输和处理。这使得信息在网络中可以被轻松地复制、传播和修改，同时可以以不同的方式展示和呈现。

网络的虚拟性除了体现在网络的存在状态和信息形式上，还体现在时空虚拟和社会虚拟方面。在虚拟空间中，每个网络用户都是虚拟世界的一部分。他们通过使用数字符号或匿名身份在网络上存在和交互，不需要面对面地进行实体接触。这种虚拟的存在方式使得人们可以突破传统的时空限制，实现跨越国界和时间的交流与互动。在虚拟空间中，人们可以与陌生人建立联系，形成虚拟的人际关系。网络用户可以在社交媒体、在线论坛、虚拟社区等平台上相互交流，分享观点与经验。这种社交互动是基于数字化的身份和虚拟化的人际关系构建起来的。

（2）真实性。网络的真实性确实存在。虽然网络提供了一个虚拟空间，但在这个虚拟空间中，人们可以通过虚拟社区、虚拟商店、虚拟学校等展开各种活动，获得与现实世界相似甚至相同的体验。这是因为网络上的虚拟体验往往是基于现实世界的概念构建起来的。

在虚拟社区中，人们可以与其他网络用户交友、分享兴趣、讨论话题等，这种社交互动虽然存在于虚拟空间，但也可以产生真实的情感和联系。例如，虚拟商店提供了在线购物的体验，使得人们可以在虚拟商店中选择商品、下订单并进行交易，获得与现实世界购物相似的满足感和实际商品的交付；虚拟学校或在线教育平台提供了学习的机会，使得学生可以通过参与在线课堂、与教师和同学互动，来获取知识和学习经验。网络所呈现的虚拟空间都是以信息形式再现的现实。虽然在网络中无法直接接触物质和进行感官体验，但通过网络，人们可以获取来自现实世界的信息，如新闻报道、科学知识、艺术作品等，从而丰富自己的知识，拓宽自己的视野。网络也提供了实时的通信和互动工具，使得人们可以迅速分享和传播现实中的事件和经历。

因此，虽然网络提供的是一个虚拟空间，但它并没有完全脱离现实，而是与现实世界紧密联系。网络的真实性体现在人们通过网络获得的真实体验、与现实世界的信息关联以及网络虚拟空间的基于现实的再现方面。网络的真实性使得人们能够在虚拟空间中获得有意义的交流、学习和体验，丰富了人们的生活。

二、网络的发展过程

网络是计算机技术与通信技术相结合的产物，其发展过程大致可分为四个阶段：单主机多终端阶段、多主机阶段、标准化阶段、因特网（Internet）迅猛发展阶段（这四个阶段并无明确分界，且部分重叠）。

（一）单主机多终端阶段

1946 年，世界上第一台计算机诞生，那个时期的计算机虽能够进行高速的科学计算和任务处理，但数量少、体积大并且价格昂贵。由于计算机处理速度是输入、输出设备速度的百万倍，导致高速的计算机主机无法得到高效利用，因此当时出现了多人通过共享主机来采集信息和处理数据的想法。人们利用通信线路、多路复用器、公用电话网等设备，将一台计算机与多台用户终端相连，使用户通过终端命令—交互的方式使用计算机系统，将单一计算机系统的资源分散到每个用户手中。这种以单主机为中心，多个终端设备通过通信线路与主机系统互联的联机终端系统，就是单主机多终端系统。

在单主机多终端阶段，终端用户可通过终端向主机发送数据运算处理请求，主机运算后又发给终端。终端并不保存数据，因此终端用户储存数据时，需要发送到主机上进行储存。可以看出，第一代网络并非真正意义上的网络，而是一个面向终端的互联通信系统。这种互联通信系统产生于 20 世纪 50 年代初，最典型的代表是美国的半自动地面防空系统（SAGE）。

20 世纪 60 年代初，计算机与终端互联的通信网络有了新的发展，即在主机与通信线路之间设置通信线路控制处理机，专门负责通信控制；在终端聚集处设置集中器，并用低速线路将各终端汇集到集中器，再通过高速线路与计算机相连。这种结构不仅将计算机承担的通信控制任务交由通信控制处理机处理，减轻了主机负担，而且降低了通信线路成本，其中最典型的代表是美国的航空公司飞机订票系统（SABRE）。

（二）多主机阶段

第一代网络主机不能与其他主机系统进行协调工作。为克服第一代网络的缺点，提高计算机之间的交互能力，提高网络的可靠性和可用性，计算机通信领域专家开始研究将多台计算机互联进以行协调工作的方法。

20世纪60年代中期，现代网络产生，其产生的标志是美国国防部高级研究计划局组建的计算机分组交换网——阿帕网（ARPANET）。阿帕网首次使用分组交换技术，是现代计算机技术发展的重要里程碑，不仅推动了网络技术理论体系的形成，而且为因特网的形成奠定了坚实基础。

阿帕网是冷战时期的产物，美国军方要求该网络必须具备强大的生存性并能够适应现代战争，网络通信专家根据此要求将分组交换技术应用于阿帕网。该网络各主机之间并非直接用线路连接，而是由接口报文处理机（IMP）转接后再互连。接口报文处理机与它们之间互连的通信线路一起负责主机间的通信任务，共同构成网络核心；主机和终端处于网络核心的外围，构成网络边缘。

分组交换网包括通信子网和资源子网。现代网络中，通信子网和资源子网也是必不可少的部分，通信子网为资源子网提供信息传输服务，资源子网用户之间的通信建立在通信子网的基础上。通信子网与资源子网共同构成完整的交互体系。

（三）标准化阶段

在多主机阶段，为了垄断市场，各厂家纷纷研制自身独特技术并开发自己的网络体系结构。因不同的网络体系结构无法互连，所以这一时期的多主机网络可以说是单一、封闭的网络体系。

由于不同厂家采用的体系结构和协议不一致，因此网络大范围的互连和不同厂家设备的互连受到一定的阻碍，这限制了大范围网络的发展。20 世纪 70 年代，网络数目开始增加，分组交换网涌现出来。在这一时期，局域网（LAN）技术理论首次被提出，研制网络互连体系结构、形成网络国际标准化协议的时机逐渐成熟。

1974 年，文特·瑟夫（Vint Cerf）和罗伯特·卡恩（Robert Kahn）提出一组网络通信协议，即 TCP/IP 协议，这组协议定义了一种在网络间传送报文（文件或命令的）的方法。1977 年，国际标准化组织（ISO）提出标准框架 OSI（开放系统互连参考模型）。随后，美国国防部决定向全世界无条件免费提供 TCP/IP，即向全世界公布解决网络之间通信问题的核心技术。

20 世纪 70 年代末期，网际协议（IP）、传输控制协议（TCP）和用户数据报协议（UDP）三个因特网协议已经完成，网络互连体系结构原则也已经确立。

1980 年，世界上既有使用 TCP/IP 协议的阿帕网，也有很多使用其他通信协议的各类网络。为将这些网络连接起来，文特·瑟夫提出一个设想：每个网络内部可以使用自己的通信协议，但在与其他网络通信时使用 TCP/IP 协议。这个设想推动了因特网的诞生，并确立了 TCP/IP 协议在网络互联方面不可动摇的地位。1984 年，OSI 被正式发布，OSI 及标准协议的制定和完善，有力地推动了网络的发展。

遵循国际标准化协议的网络具有统一的网络体系结构，厂商需要按照共同认可的国际标准开发自身的网络产品，从而确保不同厂商的产品可以在统一网络中进行通信。

（四）因特网（Internet）迅猛发展阶段

20 世纪 90 年代，网络迅猛发展，人类自此进入向互联、高速、智能化方向发展的计算机网络时代。

1993 年，欧洲核子研究组织（CERN）开发的万维网（World Wide Web）在因特网上露面，并取得较大成功。万维网大大方便了非专业人员对网络的使用，对因特网的日后发展具有重要推动作用。

1995—2000 年，因特网的相关产品和服务在许多公司的创造下呈现井喷式增长趋势。到 2000 年末，因特网已能支持运行数百个流行的应用程序，包括电子邮件、即时信息、MP3 的对等文件共享等。

20 世纪 90 年代，网络研究在高速路由器和局域网两个领域取得了重大进展，并正从技术上努力解决定义和实时因特网服务模式问题。

21 世纪以来，网络的发展体现在光通信、对等网络、三网融合、移动通信和移动互联网、物联网、大数据等多个方面。

1. 光通信

目前，光通信技术已经十分成熟，光纤通信已经成为各种通信网的主要传输方式。光纤不再仅限于陆地使用，还可以广泛铺设到大西洋、太平洋海底，这些海底光缆使全球通信变得更为简单快捷。此外，光缆已铺设到房间内，实现了光纤到办公室（fiber to the office, FTTO）和光纤到家庭（fiber to the home, FTTH）的目标。未来传输网络的最终目标是构建全光纤网络，即在接入网、城域网和主干网完全实现“光纤传输代替铜线传输”。

2016 年 12 月，中华人民共和国工业和信息化部（以下简称“工业和信息化部”）发布《信息通信行业发展规划（2016—2020 年）》，提出要构建新一代信息通信基础设施，加快建设先进泛在的无线宽带网，优化网络结构布局。中国的光通信产业正处于发展的高潮，覆盖全国的“八纵八横”光缆骨干网络的铺设完成，标志着我国光通信长途干线网络建设已实现跨越式发展。

在国家政策引导下，中国移动、中国联通和中国电信三大运营商开启了光网络建设的高潮，城域网不断完善，光纤入户建设突飞猛进，接入网线路的铺设距离不断延伸。截至 2018 年末，全国接入网络已基本实现光纤化，光缆线路总长度位居世界第一，全国光网城市全面建成。住宅宽带接入因特网采用的数字用户线（digital subscriber line, DSL）和电缆调制解调器（cable modem）技术，在世界范围迅速推广，为多媒体应用的发展奠定了良好基础。近年来，随着光通信技术的发展和普及，光纤到办公室和光纤到家庭都已成为现实，最终解决了用户接入网络的“最后一公里”问题。

2. 对等网络

对等网络（P2P）是指信息直接在对等方之间传输，而无须通过中心服务器，对等方（用户计算机）之间一般具有间歇性的连接。目前因特网上流行的P2P应用主要有P2P文件共享、即时通信（instant messaging, IM）、P2P流媒体、分布式存储等。例如，微信就是一款移动即时通信软件，它在亚洲地区拥有较大的用户群体。

3. 三网融合

三网融合是指电信网、广播电视网、计算机通信网之间的融合，它的目的是构建一个健全、高效的通信网络。通过技术改造，三大网络的技术功能将趋于一致，业务范围也将逐渐趋同，从而实现网络的互联互通和资源共享。三网融合应用较为广泛，遍及公共安全、环境保护、智能交通、政府工作等人类社会各个领域。

三网融合是一个渐进的过程。美国、英国、法国和日本等国家起步较早，已通过立法推动三网融合。我国三网融合已经上升到国家战略高度，根据规划，我国三网融合工作分为两个阶段进行：2010—2012年为试点阶段，以推进广播电视和电信业务双向阶段性进入为重点；2013—2015年为推广阶段，重在总结推广试点经验，全面推进三网融合。

2010年6月30日，国务院办公厅印发了第一批试点地区名单；2011年12月30日，国务院办公厅印发了第二批试点地区名单。至此，我国三网融合试点已基本覆盖全国。2015年9月4日，国务院办公厅发布《三网融合推广方案》，在全国范围全面推进三网融合进程，加快建设宽带通信网、下一代广播电视网和下一代互联网，推动信息网络基础设施的互联互通和资源共享。

4. 移动通信和移动互联网

在移动通信领域，曾被誉为新世纪“宠儿”的第三代移动通信技术（3G）逐渐淡出历史舞台，第四代移动通信技术（4G）成为目前的主导制式。截至2024年3月末，三家基础电信企业及中国广电的移动电话用户总数达17.55亿户，比上年末净增1 124万户。其中，5G移动电话用户达8.74亿户，比上年末净增5 157万户，占移动电话用户的49.8%，占比较上年末提高3.2个百分点。

第五代移动通信技术（5G）是最新一代的移动通信技术。5G的性能目标是提高数据速率、减少时延、节省能源、降低成本、提高系统容量和大规模设备连接水平。5G研发始于2013年，欧盟、美国、日韩和中国都参与其中。

2018年6月13日，首个5G国际标准正式颁布，我国企业的多项技术方案进入国际核心标准规范。2019年6月6日，工业和信息化部正式向中国电信、中国移动、中国联通和中国广电发放5G商用牌照。随后，中国移动、中国联通和中国电信于2019年11月1日正式上线5G商用套餐，这标志着中国正式进入5G商用时代。从发展态势看，5G还处于技术标准的研究阶段，4G仍将保持主导地位并不断实现持续高速发展。

移动通信与互联网相结合是历史的必然。随着4G时代的到来，以及手机、平板电脑等移动设备的出现，移动互联网渗透人们生活、工作的各个方面，手机游戏、手机应用软件、手机支付等各种各样的移动互联网应用发展迅速，深刻地改变着当今时代人们的生活，移动互联网迎来了发展高潮。

随着全球移动互联网基础设施（手机保有量和通信环境）的不断完善，全球过半人口都在使用移动互联网。中国互联网络信息中心（CNNIC）发布的第53次《中国互联网络发展状况统计报告》显示：我国移动互联网接入流量从2018年的711亿GB上升到2023年的3 015亿GB；截至2023年12月，手机网民规模达10.91亿，占总网民数的99.9%。

5. 物联网

物联网是新一代信息技术的重要组成部分。顾名思义，物联网就是物物相连的互联网。物联网的核心和基础仍然是互联网，但又在互联网基础上进行了扩展和延伸，其将用户端延伸到了物品与物品之间的信息交换和通信。物联网凭借智能感知、识别技术与普适计算，广泛应用于网络的融合中，也因此被称为继计算机、互联网之后世界信息产业发展的第三次浪潮。

物联网是开启智能时代的关键环节，各国政府和欧盟都意识到其重要性，纷纷出台政策进行战略布局，想要抢抓新一轮信息产业的发展先机。例如，美国开启了以物联网应用为核心的“智慧地球”计划；欧盟开启了十四点行动计划；日本开启了“U-Japan 计划”等。

2011 年 12 月，工业和信息化部发布《物联网“十二五”发展规划》，确定了九大领域的重点应用示范工程，分别是智能工业、智能农业、智能物流、智能交通、智能电网、智能环保、智能安防、智能医疗和智能家居。我国物联网标准体系已形成初步框架，物联网在广东、江苏、上海等地区都已经有了局部的建设。2021 年 7 月 13 日，中国互联网协会发布了《中国互联网发展报告（2021）》。报告显示 2020 年物联网市场规模达 1.7 万亿元，人工智能市场规模达 3 031 亿元。2021 年 9 月，工业和信息化部等八部门印发《物联网新型基础设施建设三年行动计划（2021—2023 年）》，明确到 2023 年底，在国内主要城市初步建成物联网新型基础设施，进一步稳固社会现代化治理、产业数字化转型和民生消费升级的基础。

6. 大数据

“大数据”一词在 2008 年首次被提出并逐渐走进大众视野。人们通常用大数据来描述在信息爆炸时代产生的海量数据，并以此命名与之相关的技术。越来越多的政府机构和企业组织意识到，数据正在成为重要的资产，数据分析能力正在成为核心竞争力。

在《促进大数据发展行动纲要》等政策的指引下，我国已形成了以八个国家大数据综合试验区为引领，京津冀、长三角、珠三角和中西部四个聚集区域协同发展的格局。我国大数据核心技术研发工作正加速突破，相关产业也逐渐步入成熟阶段，并持续向经济运行、社会生活等各应用领域渗透。

三、网络对社会发展的影响

网络的发展不仅改变了人们的生活方式，还对社会各个层面产生了重要影响。“互联网＋”更是将网络创新成果与经济社会各领域相融合，有效提升了实体经济的创新力和生产力，形成了以互联网为基础设施和创新要素的社会、经济发展新形态。

但网络为社会带来新的发展空间的同时，也不断冲击着现有的社会结构，具体主要体现在社会、政治、经济、文化四个领域。

（一）网络对社会领域产生的影响

网络和现代信息技术的发展改变了传统的信息传递方式，使得人们的交往方式和生活方式发生了革命性变化。

1. 交往方式方面

网络对社会交往方式的影响确实是深远的。在传统的社会交往方式中，时间、地点的限制往往导致人们只能在特定的条件下进行交往。而随着现代信息技术和网络的出现，这种限制被打破了。

现代信息技术和网络使得人们可以超越时空的限制进行交往。无论身处何地，人们都可以通过网络与全球各地的人进行交流。这为人们创造了更多的交往机会和可能性。

与传统的社会交往方式相比，网络社会交往具有以下特点。

（1）多元性。网络空间中的交往主体是无中心的、非单一的。人们可以通过互联网与不同国家、不同地区和不同文化背景的人进行交流。这种多元性使得交往更加丰富多样，使得人们可以接触到更广泛的观点和经验。

（2）平等性。在网络社会交往中，每个人都可以平等地参与其中并表达自己的观点。无论个人的身份、地位或背景如何，网络为每个人提供了平等的交流平台。这种平等性使得人们更容易打破传统社会中的障碍，实现跨越地域和社会界限的交往。

（3）交互性。网络社会交往是双向的，人们可以主动与他人互动和交流。通过各种社交媒体、即时通信工具和在线论坛，人们可以实时交流、分享信息和建立联系。这种交互性促进了人们之间的合作和共享。

网络对社会交往方式的影响是积极的，它为人们提供了更多的交往机会和可能性，打破了传统社交的时空限制，促进了跨越地域和文化的交流与合作。然而，网络社会交往虽然带来了很多好处，但也存在一些挑战和问题。例如，网络社交媒体的虚拟性可能导致人际关系的表面化和亲密关系的缺乏，网络也面临信息安全、隐私保护和虚假信息等问题。因此，人们需要采取相应的措施来应对这些挑战和问题，在网络交往中保持理性和谨慎，同时关注人与人之间真实的连接和亲密关系的建立。

2. 生活方式方面

网络的发展对人们的生活方式产生了重要的影响，其涉及教育方式、娱乐方式和消费方式等多个方面。

教育方式方面，网络多媒体的特性改变了传统的教育方式，推动了新型教育模式的产生与发展。现在，人们可以通过网络进行自我教育、远程教育和交互教育等。这些新型教育模式丰富了教育资源的获取途径，使得学习更加灵活和个性化。同时，网络教育的兴起也引发了教育领域的改革和创新。

娱乐方式方面，网络与多媒体的结合为人们提供了丰富多样的娱乐内容。听网络音乐、读网络小说、看网络视频、玩网络游戏以及浏览网页等成为人们休闲娱乐的重要方式。人们可以通过网络随时随地享受各种娱乐活动，这大大拓展了娱乐的形式和范围。

消费方式方面，网络购物的发展带来了消费方式的变革。网络购物为人们提供了便捷、多样和个性化的购物体验。消费者可以通过网络轻松购买各类商品，其选择商品的范围更广，且网络上商品的价格更具竞争力。网络消费的普及促进了消费方式的进步，也为人们提供了更为舒适和便利的生活方式。

网络的发展对人们的生活方式产生了深远的影响。它改变了传统的教育方式，推动了教育模式的创新，丰富了娱乐方式，提供了更多的娱乐选择，并改变了消费方式，使得购物更加便捷和多样化。随着网络技术的不断进步，可以预见，未来的生活方式将继续受到网络的影响。

（二）网络对政治领域产生的影响

网络具有较为分散的体系结构，而非中央集权控制体系，这使其具备了自由、开放的特点。在网络空间中，人们能够跨越的不仅是被地域分割的空间距离，还有不同身份地位带来的社会距离。网络这一特点使其对政治领域产生了重要影响。

在网络时代，任何个人或团体都可以作为独立的信息发布者畅所欲言，如对公共事务发表自身看法，对政府决策提出自身建议，进行特定动员等。网络为公民的互相沟通和政治参与创造了有利条件，不仅能够提升公民参与政治的意愿，还能够有效增强公民表达力度，提高公民的政治参与度。

政府可以通过网络渠道搭建与公众的互动平台，为公众提供政府及公共事务信息；还可以通过网上论坛、在线交流、网上民意调查等手段广泛征集民意，并使这些信息中的合理成分在决策中得到体现，提高政府决策水平。

网络对政治民主化的发展能够发挥出积极的促进作用，从公民的政治参与角度而言，网络为公民提供了新的政治参与途径，能够有效提高公民的政治参与热情和能力；从政治统治角度而言，网络的发展扩大了社会分群，弱化了个体对团体的相对依附，为政府和公民的互动提供了新的渠道，促进了民主制度的发展。

（三）网络对经济领域产生的影响

网络改变了商业规则，对经济领域产生了深刻影响。网络对经济领域的影响具体表现在以下六个方面。

第一，网络改变了信息的“内部性”特征，使得人们通过搜索引擎，便可以更方便地寻找种类繁多、数量庞大并且增长速度惊人的信息，其不仅可以充分满足人们对共享信息的需求，也可以为信息服务产业的深度发展提供条件。

第二，网络使市场资源的配置不再受市场门户的限制，其惠及更多人群，不仅能提高人们的选择自由度，还方便人们通过交流、协商等达成各类交易，从而实现市场资源的全社会共享，达到优化配置的目的。

第三，网络使产业经济迅速走上规模化道路，其不仅使产业分工的边际变得模糊，还使管理边际变得模糊。乘着网络发展的东风，不少企业得以快速积累财富并获得成功。

第四，网络打破了传统交易模式，开创了网络经济新时代。网络经济已经形成网络游戏娱乐业、网络信息服务业、生活信息服务业、在线电子商务业、新兴传媒业等网络产业。这些产业的发展为社会经济带来了源源不断的活力。

第五，网络对传统的经济模式和产业结构起到了改革作用。例如，传统的金融服务业、出版教育业等，通过与网络融合，进行升级换代，实现了产业优化，如“网上银行”能够免去用户寻找营业厅以及排队等候的麻烦，为用户提供更为便捷的服务，“远程教育”能够通过网络打破时间、空间的限制，让偏远地区的学生也能接受更为优质的教育。

第六，网络改变了人们的就业方式和劳动方式。随着计算机技术的不断发展，越来越多的人开始用计算机进行办公。计算机时代的工作方式与工业时代的不同，人们的工作时间和工作地点更为灵活，自主性也越来越高。此外，在信息时代，劳动概念发生了变化，脑力劳动的作用和比重不断提升，这是因为科技、信息等生产资料在经济发展中发挥着越来越重要的作用，使得越来越多的人在办公室中依靠知识、文字等进行生产劳动。

当然，网络的发展也在经济领域造成了数字鸿沟，进一步加速了企业的崛起和消亡。享受到网络发展红利的公司利用网络赚取了大量财富，加速了资本积累；而那些在没有网络或网络建设较为落后国家和地区的企业则因无法享受网络带来的数字信息红利，处于较为劣势的位置。同时，个人信息的商业化导致非法收集、利用、转让、挖掘个人信息的现象普遍存在，这给隐私保护带来了严峻的挑战。

（四）网络对文化领域产生的影响

网络对文化领域产生了重要影响，其不仅促进了网络文化的兴起，也为各种文化的交流传播提供了有力支撑。

随着信息时代的到来，网络逐渐渗透人们生活的方方面面，而人们在网络空间中特殊的行为和情感体验方式促进了网络文化的兴起。网络文化的核心价值包括自由、平等、个性、多元和开放，这些价值观和意识形态在网络空间迅速发展壮大，并逐渐蔓延到现实社会，从而对现实文化产生了重要影响。网络文化在一定程度上对现代文化的发展起到了促进作用，但其与生俱来的虚拟性也对现实文化产生了一定的负面影响，如网络文化的过度发展容易造成绝对的自由主义、理想主义和浪漫主义以及低俗文化的泛滥。

网络为文化的交流传播提供了有力支撑。在网络中，人们能通过视频通话、在线交流、影像文字等方式走进不同文化背景的人的生活场景，探究不同文化背景的人的内心世界，从而获得全新体验。此外，网络技术的发展也为不同文化的传播、碰撞、整合和升华提供了有利条件。在文化传播方面，网络也造成了一定负面影响，如其为网络色情信息、低俗网络文学、暴力娱乐等提供了场所。除此之外，外来文化在网络中的传播扩散也容易对本民族文化的继承和发展造成威胁。更有甚者，网络还可能成为少数国家将自己的价值观念、信仰和行为规范“植入”他国文化的侵略工具。

第二节 现阶段网络生态环境

一、网络生态环境内涵

“网络生态环境”这一描述是将生态学与网络发展结合了起来，其与“网络生态系统”关系密切。

美国约翰·佩里·巴洛（John Perry Barlow）首次提出将网络及其发展环境看作一个生态系统的观点。2000年，我国学者张庆峰在《网络生态论》一文中，将生态学的知识和原理运用于网络空间，提出“网络生态系统”这个概念，并对网络生态系统的构成、特点、功能等进行了系统的分析。[①] 根据张庆峰等学者的研究成果，所有影响网络发展的其他社会系统一起构成了网络发展的生态环境。

网络生态环境是指对网络产生、存在和发展起到制约和调控作用的多元环境，其包含范围广泛，由物质基础环境、信息资源环境和社会环境等组成。

（1）物质基础环境。物质基础环境是构成网络所必需的物质要素和工具性要素，包括计算机硬件、通信设备、网络基础设施等。这些基础设施和设备为网络的运行提供了物质支持和技术支持，是网络生态环境的基础。

（2）信息资源环境。信息资源环境是网络生态环境的核心环境。信息资源的丰富性、可靠性和可访问性对网络的发展和用户的体验具有重要影响。网络生态环境的优劣能够从信息资源环境中反映出来，而信息资源环境的优劣能够从信息资源的质量、数量和可获取性等方面反映出来。

---

① 张庆锋．网络生态论 [J]. 情报资料工作，2000（4）：2-4.

（3）社会环境。社会环境指与网络生态、网络发展相关的社会敏感因素，包括网络法律法规、信息政策、文化等。网络的使用和发展受到社会的规范和制约，所以相关法律法规和政策的制定对网络生态环境具有重要影响。此外，文化因素也会影响人们对网络的认知和使用，还会影响人们的价值观。

网络生态环境的优劣直接影响着网络能否发展和使用。一个健康、良好的网络生态环境有利于网络的繁荣和创新，为人们提供更好的信息服务和用户体验；而一个恶劣的网络生态环境可能导致信息垃圾、网络欺诈等问题的增加，对网络的安全和可信度产生负面影响。因此，维护和改善网络生态环境是十分重要的。这包括加强网络基础设施建设，提升信息资源的质量和可获取性，完善网络相关的法律法规和政策，培养良好的网络文化等。只有在良好的网络生态环境下，网络才能发挥其应有的作用，为人们提供更好的服务。

二、网络生态环境面临的挑战

随着网络技术的飞速发展，网络与人类的社会生活更加复杂地联系到一起，网络空间逐渐成为人类主导性的新生活空间和文明空间。全球社会化网络进程的加速使现实空间与网络空间的相互作用更为深入，网络生态环境治理成为新时代政府组织的工作重点之一。

网络丰富了人们的日常生活，但其虚拟性、隐蔽性和开放性也使网络生态环境治理变得更为复杂，不少因素都在影响着网络生态的稳定性，网络生态环境面临多方面的挑战。

（一）网络舆论生态方面的挑战

网络舆论生态是广大网络用户以网络为载体，以事件为核心，表达情感、态度、意见、观点的多元化集合组成的生态系统。从广义上说，网民都属于网络舆论生态的主体，但网民在发展壮大的过程中会出现分化，如分化为意见领袖和普通网民。

在网络舆论生态的演化进程中，“舆论争斗”为其提供了重要动力源泉。“舆论争斗”已成为我国网络社区成员交流互动的特殊形式，如日常的网络热门话题和争议性话题总伴随着激烈的网络争吵，一些群体性事件在发展初期也多以“舆论争斗”的形式出现。网络争吵过程中会涌现各种各样的观点，网民会选择不同的观点从而出现群体分化，这种分化会通过标签化固定下来。其间，观点相同或相近的网民之间会逐渐形成更加紧密的关系，即站在“同一战线”，并在下一次“舆论争斗”中相互呼应和协助。

“舆论争斗”及分化结果对网络生态环境造成了挑战，如网络舆论逐渐走向极端化、网民群体相对固化，都对网络环境产生了不良影响。人们若在网络舆论冲突中将原有观点、信仰、情绪等进行固化和极端化，出现“非此即彼”的倾向，就会在一定程度上加剧言论冲突，导致网络负面情绪横行。网民分化群体固定后，群体中的“意见领袖”会在网络话题、热点时事中提供观点，并在发起争论、掌控争论节奏和走向等方面起到重要引导作用。而网民被其认同的群体裹挟，往往会将群体观点作为自身观点，并在对事件不了解的情况下参与争论。此外，网络舆论以网络信息传播为主要形式，因此网络信息的质量与网络舆论生态息息相关。例如，仇恨言论、网络谣言、虚假新闻等都严重破坏了网络舆论生态平衡，给网络生态环境带来了严峻的挑战。

（二）网络社会生态方面的挑战

除了网络舆论，网络生态主体的其他行为所形成的生态系统可被称为网络社会生态，具体包括网络经济行为、网络社交行为、网络娱乐行为等，这些行为不以传播信息为目的，而是以类似现实社会的生活方式在网络社会中生活。

我国网民数量众多，在网络空间不断发展的过程中，网民群体开始形成类似现实社会的网络社区生活方式，并由此形成一些虚拟的权利、义务和规则。这些内容大量存在于网络空间，却很难被现实的社会规则覆盖，由此引发了一系列问题。

网络社会生态方面的挑战主要源于现实法规与虚拟社会规则的不适应或不适用，如虚拟财产问题、网络知识产权问题等，这些问题不仅是虚拟网络社区的问题，也会波及现实社会，如网络交易纠纷的属地处理等问题。这就需要现实社会中的政治、法律等力量参与网络社会生态，并根据具体情况解决网络社会生态问题。

（三）网络社会化治理生态方面的挑战

目前，网络社会化治理生态方面仍面临一些挑战。尽管在网络早期发展时，我国政府就提供了相对宽松的环境，形成了政府引导、网络行为主体承担的自治模式，但随着网络的发展和社会变革的加快，治理环境也变得更加复杂。

网络生态系统的复杂性是一个挑战。网络生态系统中涉及的主体多样，包括政府、企业、公众、社会组织等，它们之间的关系错综复杂，互相影响。此外，网络生态系统中存在多个层次的治理，如国际层面、国家层面、地区层面和组织内部层面等，这都增加了治理的复杂度。

多头管理和多层管理对政府治理造成了较大困难。由于网络社会化治理涉及多个主体和多个层级，不同主体之间可能存在利益冲突、协调困难等问题，使得政府在治理过程中难以做到有效、精准管理，容易出现“一放就乱，一管就死”的问题。

为应对这些挑战，网络社会化治理需要社会多方共同参与。除了政府的引导和管理，其他社会主体的参与程度也需要加大，构建起完善成熟的多主体协作机制。这需要建立各方之间的沟通渠道和合作机制，加强信息共享和协同行动，形成合力；还需要进一步完善相关法律法规和制度机制，明确各方的权责义务，建立有效的监督和评估机制，确保治理的公正和透明。此外，加强网络素养教育，提高公众对网络治理的认知和参与能力也是十分重要的。

网络社会化治理生态面临多项挑战，但通过各方共同参与、建立多主体协作机制和完善相关制度，可以有效应对这些挑战，增强网络治理的有效性，促进其可持续发展。

（四）网络安全生态方面的挑战

网络安全生态由网民个人安全威胁和防护、安全厂商与黑客攻防、国家行为体攻防等构成，其更为接近传统的信息安全和网络安全，对维护国家安全具有重要意义。

随着国家网络争端的日益加剧，网络逐渐成为国与国之间的主战场，网络安全问题成为国际新秩序的重要塑造力量。因此，网络安全问题成为网络生态环境的重要挑战。

网络安全方面的挑战主要发生在三个战场：一是以政治文化为主体的舆论战场；二是以产业和经济为主体的市场战场；三是以军事为主体的信息战场。在网络舆论战场中，要警惕境外势力等进行的文化价值渗透；在市场战场中，应谨防盗取信息、利用信息差从事违法商业战的行为；在军事信息战场中，对网络空间控制和反控制的攻防能力是重点发展方向。

三、现阶段我国网络生态环境

为应对网络生态环境面临的挑战，我国政府高度重视网络治理，并将正确处理网络安全与发展、开放与自由、管理与服务之间的关系作为网络治理工作的重心。

中国共产党第十七次全国代表大会报告中提出“加强网络文化建设和管理，营造良好网络环境”。中国共产党第十八次全国代表大会报告中提出“加强网络社会管理，推进网络依法规范有序运行”。中国共产党第十九次全国代表大会报告中提出“网络综合治理”。为贯彻落实党的十九大精神，中国共产党第十九届中央委员会第四次全体会议通过的《中共中央关于坚持和完善中国特色社会主义制度 推进国家治理体系和治理能力现代化若干重大问题的决定》中提出“全面提高网络治理能力，营造清朗的网络空间”。

对于网络乱象、网络犯罪活动，我国政府明确了加强网络治理的战略意义，并采取多管齐下的方式维护网络生态环境。例如，制定国家层面大数据战略，为数据发展提供遵循制度；加快我国网络立法步伐，补齐网络立法存在的短板；严格实施现行法律，切实解决网络问题，提高网络治理法制化水平；开展网络净化专项行动，营造和谐的网络环境；构建多方管理协作机制，共同参与网络治理；等等。

（一）国家大数据战略

2015 年，中国共产党第十八届中央委员会第五次全体会议首次提出“国家大数据战略”，同时国务院发布《促进大数据发展行动纲要》；2016 年，国务院出台《政务信息资源共享管理暂行办法》；2017 年，工业和信息化部发布《大数据产业发展规划（2016—2020 年）》。国家层面的大数据战略为我国网络数据的发展提供了有力保障，对与网络相关的政府治理、经济治理、公共服务、商业创新等方面具有重要意义。

（二）加快网络立法步伐

为推动网络进一步发展，我国采取先发展再制定法律规则的策略，在特定时期为我国网络发展注入了新活力，但也造成网络领域的立法跟不上网络发展速度等情况，一度出现网络领域执法不明、各方参与者的网络行为边界模糊等问题。为应对这些问题，我国政府不断加快网络立法步伐，不断完善现有网络相关法律。

2016 年，为保障网络安全，维护网络空间主权、国家安全和社会公共利益，保护公民、法人和其他组织的合法权益，第十二届全国人民代表大会常务委员会第二十四次会议通过了《网络安全法》，并于 2017 年 6 月 1 日施行；2022 年 9 月 12 日，中华人民共和国国家互联网信息办公室（以下简称“国家互联网信息办公室”）发布《关于修改〈中华人民共和国网络安全法〉的决定（征求意见稿）》，并公开征求修改完善意见。

2018年，第十三届全国人民代表大会常务委员会第五次会议通过《中华人民共和国电子商务法》（以下简称《电子商务法》），并于2019年1月1日施行，这是我国第一部电商领域的综合法律，对解决我国电子商务领域的突出问题，规范并促进电商发展具有重要意义。

2016年，国家互联网信息办公室发布《未成年人网络保护条例（草案征求意见稿）》，并公开征求意见；2017年，中华人民共和国国务院法制办公室就《未成年人网络保护条例（送审稿）》公开征求意见；2022年，国家互联网信息办公室发布《未成年人网络保护条例（征求意见稿）》。由此可以看出，我国未成年人网络保护的法律法规制定正在逐步推进中。

此外，为增强传统法律的适用性，不少传统法律都根据网络衍生出的新问题进行了补充、修改和完善，如多次补充、修改、完善著作权法律法规，使其更适应数字网络环境。目前，我国网络相关法律法规虽仍有不完善之处，但也在稳步前进的进程中，并不断为我国网络生态环境治理提供法律保障。

（三）依法治网，提高网络治理法制化水平

除了加快立法进程，我国政府还非常重视已有规范的执法和司法工作，坚持“依法治网”，不断提高网络治理法制化水平。自2012年以来，针对网络谣言、网络水军、网络犯罪行为，我国政府采取了一系列专项措施，并通过完善网信部门职责、全面监管网络不良信息等方式，不断加强网络治理力度。

相关政府部门针对网络中存在的较为突出的问题提出了不少针对性措施和手段，如明确网络企业职责、细化网络服务提供商责任、明确信息犯罪惩治依据等，这些措施有效减少了网络乱象，对维护我国网络生态环境具有积极意义。

（四）开展网络净化行动，营造和谐网络环境

为配合网络法治方针的实施，国家互联网信息办公室部署开展系列专项行动，通过专项行动净化网络空间，营造和谐网络环境。

随着大数据时代的到来和网络直播、短视频等行业的兴起，我国网络生态环境受到严重影响，网络乱象频出。2022 年，国家互联网信息办公室开展“清朗”系列专项行动，重点针对网络直播、信息内容乱象、网络谣言、未成年网络环境、信息服务乱象、网络传播秩序、算法综合治理、春节网络环境、流量造假、数据造假等方面进行乱象整治，有效遏制了网络不良之风，促进了网站平台的健康发展，营造了更为健康的网络生态环境。此次行动共清理违法和不良信息 5 430 余万条、账号 680 余万个，对网络不良行为形成了有力震慑，网络环境焕然一新。此次行动效果明显，也为我国后续的网络治理提供了优秀借鉴。

（五）多方主体协作治理网络

2019 年 12 月 15 日，国家互联网信息办公室发布《网络信息内容生态治理规定》，在制度层面明确了我国网络治理模式，即多元参与协同共治模式。

目前，我国网络生态治理处于多主体协作治理的发展进程中，即政府通过调动多方力量，共同治理网络生态环境，并构建高效科学的多元主体协作治理网络机制。这里所说的多元主体主要指政府、企业、社会和网民四类。

政府在多元参与协同共治模式中占据主导地位，可通过数字政府、在线政务等方式治理网络，重点解决网络安全、网络信息监管、网络舆论监管等重难点问题，从而维持网络秩序。

互联网企业作为网络平台的直接管理者，承担着平台监管的重要责任。在多元参与协同共治模式中，政府可以通过规章制度明确指出企业的管理职责，促使企业签订行业自律公约，从而引导企业肩负起治理责

任，形成良好的互联网行业风气。在平台治理中，企业一方面可以对平台利益相关者进行精准管理；另一方面可以制定合理的平台规则，对平台用户行为进行管理和约束。将部分管理权力交给互联网公司，有利于进一步扩大网络治理的覆盖面，实现精准、高效、有序的网络治理。现阶段，互联网企业作为治理主体已发挥显著作用，在维护健康网络生态环境方面有较好表现。但目前我国互联网企业和平台参与治理的边界还较为模糊，由此引发的平台治理和用户隐私保护之间的冲突也有待化解。

多元参与协同共治模式中的社会力量主要源于中国互联网协会。中国互联网协会是互联网相关单位和社会组织自愿参加的全国性社团组织，成员包括网络运营商、科研教育机构等，具有灵活性和专业优势。中国互联网协会通过宣传国家互联网相关政策法规、督促行业自律、实行内部监督、调查互联网发展状况并向政府提出建议等方式为政府治理提供有力支撑，在政府、网民、企业中发挥着纽带作用。此外，中国互联网协会还能够起到监督互联网行业的作用，当发现行业违规行为或其他问题时，可以及时地进行处理。

网民作为参与网络管理的主体，重在做到自律和自我管理。政府可以通过加强网民网络素质教育等方式防范网络空间风险，提高公民的自律性和自觉性。此外，政府还可以鼓励公民个体参与网络治理，如利用主流媒体引导网民通过举报电话、举报网站等方式参与网络治理，组建网络举报志愿者队伍，同时督促各网站开设有害信息举报专区，畅通向上反馈渠道。总之，政府应通过各种方式提高网民的参与意识，让网民主动参与网络治理，从而实现多主体协同治理。

第三节　网络安全与保护

一、网络安全的内涵

随着计算机技术的不断发展和互联网的普及，以网络为核心的信息产业发展迅猛，并逐渐成为世界文明发展的重要支柱，同时，围绕网络产生的新事物也越来越多，引发了人类社会一次又一次的变革。

网络对人类社会的各个领域都产生了深刻影响，并深入了人类社会的方方面面，改变着人类的生产和生活方式。截至 2023 年 12 月，我国网民规模为 10.92 亿，互联网普及率达 77.5%；越来越多的企业使用互联网进行内部管理、信息获取与发布、沟通交流与办公；网络游戏娱乐业、网络信息服务业、生活信息服务业、电子商务业、新兴传媒业等网络相关产业已形成庞大的产业链，为我国经济发展做出了突出贡献。可以说，我国已成为名副其实的网络大国。

机遇与挑战并存，网络在带动社会、经济、文明发展的同时，所引发的网络安全问题也日益凸显，并从最初的军事领域扩散到社会生活领域。为保障经济的稳定发展和社会的健康运行，维护网络安全成为我国政府部门的重要工作内容，网络安全与保护也成为近些年学术界的研究重点。

对于网络安全的认知，不同主体的观点也大不相同。对国家安全部门而言，网络安全代表着信息安全，即保护信息不被窃取，从而保护国家安全；对网络运营者而言，网络安全即保证网络系统的运行安全，并能够有效规避网络风险；对网络用户而言，网络安全即个人信息和隐私不被他人恶意侵犯，人身和财产权益不受损害。

人们通常认为，网络安全就是指网络系统以及系统中所存储的数据信息能得到有效保护，系统能够持续、安全、正常地运行，并能够提供优质的网络服务。具体而言，网络安全包括两方面：系统安全和信息安全。系统安全也叫实体安全，包括网络的硬件、软件和系统的安全；信息安全指信息在存储、传输上的安全，主要体现在信息的保密性、完整性、可控性和可用性上。

我国《网络安全法》附则部分对“网络安全”的概念进行了定义，即“通过采取必要措施，防范对网络的攻击、侵入、干扰、破坏和非法使用以及意外事故，使网络处于稳定可靠运行的状态，以及保障网络数据的完整性、保密性、可用性的能力”。该定义吸取了定义网络安全的其他意见，不仅认同网络安全主要指信息安全和系统安全，还在原有基础上对网络安全做出了更为明确的解释。

二、网络安全的重要性

随着信息化时代到来，网络安全的重要性愈加凸显。由于网络与国家经济、政治、军事等多个领域关系密切，网络安全成为国家安全的重要组成部分，并在国家安全中占据着举足轻重的地位。

（一）网络安全对国家经济安全的重要性

国家经济安全指国家的根本经济利益不受侵害，具体包括以下几点：国家经济主权独立、基础稳固、运行健康、增长稳定、发展持续；在国际经济生活中具有一定的自主性、防卫力和竞争力；不至于因为某些问题的演化而使整个经济受到过大打击和遭受过多损失；能够避免或化解可能发生的局部性或全局性危机。

步入21世纪，网络对全球经济发展的影响日益增大，各个国家都力图通过信息科技推动本国经济发展，这使得国家经济对网络的依赖程度日益加深，网络已经成为国家经济的不安定因素。一旦网络安全受到威胁，经济安全也会因此受到重创。

国际金融和商业贸易领域对网络的依赖性越高，网络基础设施的重要性就愈加凸显。虽然我国网络起步较晚，且已经取得相当瞩目的成就，但网络安全隐患不可避免。一些非政府组织和具有“黑客”称谓的第三方，会通过不正当手段试图控制或影响国家重要的网络运行系统，如国家金融系统、交通系统、电力系统等。如果国家的商贸、金融、交通、通信等系统遭受恶意攻击，那么与之相关的经济系统必然会受到严重威胁。因此，保护网络设施安全、维护网络稳定运行已经成为国家经济发展的重要举措。

网络信息安全与我国经济安全同样息息相关。网络所具有的开放性、匿名性和隐蔽性的特点，成为滋生网络病毒、网络犯罪的温床。近些年，网络信息犯罪案件频发，具体包括身份盗窃、信用卡诈骗、拍卖诈骗、电脑诈骗、未收到商品或款项等，严重影响了经济运行秩序。随着互联网对国家经济的重要性不断提高，加强网络信息安全保护对国家经济发展的意义也愈加重要。

（二）网络安全对国家政治安全的重要性

国家政治安全指国家主权、政权、政治制度、政治秩序以及意识形态等方面免受威胁、侵犯、颠覆、破坏的客观状态。随着网络的不断发展，网络空间成为人类新的文明空间和生活空间。网络不仅是满足人们生活、娱乐和消费需求的工具，也是表达思想和参与政治活动的有力工具，如利用网络媒体传播思想等，这使得网络安全与国家政治安全紧密相连。

网络对国家政治安全具有重要意义，政府可以利用网络媒体治理网络环境，从而维持现实社会的稳定；民众可以利用网络媒体捍卫自身权益，监督、制约政府行为，促进政府行政能力的提升。除积极作用外，网络也会对国家政治安全产生一些不利影响，如削弱国家主权、破坏意识形态安全、影响国家政治稳定等。因此，维护网络安全对国家政治安全相当重要。

1. 网络安全与国家主权安全

国际社会存在民族和国家的概念，在处理国际关系时，各国政府通常将国家主权和民族利益放在首位。网络在将世界联结到一起时，自然而然地带有淡化国界、宣扬全球化的理念，这种理念会与捍卫民族利益的理念产生冲突，并潜移默化地促使民族国家原有的价值观趋于淡漠。在一定程度上，网络撼动了一个民族长期以来形成的集体主义观念，并对民族文化归属感和国家主权统一的意识产生了威胁。由于网络管理方式较为分散，当网络信息交流与传播不受政府管制时，便会削弱政府对公民行为的控制能力，对政府执行力造成一定威胁。因此，维护网络安全、提高对网络的管理能力对维护国家主权安全具有积极意义。

2. 网络安全与意识形态安全

意识形态作为观念、观点、概念、价值观等要素的总和，在国家兴衰中扮演着重要角色。可以说，现代政治经济的变动离不开各种意识形态的相互竞争、破产、重构和更新。

网络不受时间和空间的限制，西方国家喜欢利用网络对他国输出价值观，对发展中国家进行文化侵略，这对发展中国家的意识形态构成了严重威胁。一些技术水平相对落后的国家不得不接受西方国家所传播的价值观，久而久之，将会悄无声息地被西方国家的价值观同化，并产生信息殖民化的政治效应。

此外，互联网是非国家行为体“表现”的最佳领域，某些利益团体为切合自身利益需求，经常会在网上传播扭曲的价值观和理念，从而对国民的意识形态产生不良影响。

因此，政府在进行网络治理时，应提高对意识形态的重视程度，通过加强网络文明建设、维护网络信息安全等方式保护本国意识形态安全，抵御西方网络大国的文化侵略。

3. 网络安全与政治稳定

网络的开放性不仅为国家民主政治提供了良好机遇，也为不良的政治发展模式提供了发展条件。部分国家就因为网络失去了对政治参与的控制能力，导致国家整体体制受到威胁，进而影响国家政治稳定。

大部分发展中国家处于社会转型期，网络会呈现出其社会经济发展过程中产生的问题和矛盾，并进一步放大。一方面，民众情绪会被网络上经过操纵的信息或虚假的信息影响，进而影响政府做出的决策，导致政治体系无法保持理性，从而影响法律在公民心中的地位，损害国家长远利益。另一方面，信息的无序性使问题和矛盾难以得到解决，从而进一步激化社会矛盾，严重威胁国家政治稳定。因此，治理网络环境、维护网络安全对国家政治稳定意义重大。

（三）网络安全对国家军事安全的重要性

随着现代军事的发展，信息技术在军事领域的应用日益广泛，网络成为重要的军事战场。因此，网络安全对国家军事安全十分重要，其重要性具体体现在以下四个方面。

1. 战争形态

信息技术的广泛应用改变了现代战争的形态，使得网络成为一个新的战场。通过网络攻击和网络战争手段，敌对势力可以对某一国家的军事设施、指挥系统、通信网络等进行破坏和干扰，造成严重的军事损失。因此，保护军事网络免受攻击，保障网络安全，对于维护国家军事安全至关重要。

2. 军事指挥系统

现代军队的指挥系统大多与网络相连，通过网络实现指挥、控制和情报交流。如果军事网络受到攻击或遭到病毒侵袭，整个军队的指挥系统将会瘫痪，导致军事行动受阻甚至失败。因此，确保军事网络的安全性和可靠性，对于国家军事指挥的有效运行至关重要。

3. 军事信息

军事信息是国家安全的重要组成部分，其中包括军事计划、战略部署、作战指令等敏感信息。网络攻击可能导致军事机密被泄露，给国家的军事安全带来严重威胁。因此，加强网络安全措施，保护军事信息的机密性和完整性，对于维护国家军事安全至关重要。

4. 军事基础设施

现代军事依赖于大量的信息技术设备和基础设施，包括通信网络、卫星系统、导航系统等。这些设施的正常运行和安全使用对于军事行动的顺利进行至关重要。网络攻击和破坏可能导致军事设施遭遇瘫痪和损失，影响国家的军事能力和战斗力。

保护军事网络免受攻击和干扰，确保军事指挥系统的正常运行，保护军事信息的安全性，以及保护军事基础设施的完整性，都是维护国家军事安全的关键举措。同时，加强网络安全的投入和建设力度，制定相应的网络安全策略和法规，提高网络安全意识和技术水平，对于国家军事安全的保障也具有重要意义。

三、网络安全保护机制

网络安全威胁来源广泛，既包括技术方面，也包括人为活动和组织管理方面。要做到对网络安全的全方位保护，需要建立全面的网络安全保护机制。就现实的网络保护而言，网络保护机制应包含技术机制、信息伦理机制和法律机制。

（一）技术机制

技术手段是网络安全的基本保护措施，由于信息系统具有复杂性和专业性，信息安全技术成为网络安全保护的第一道防线。

信息安全技术包括密码技术、防火墙、VPN 技术、入侵检测防护系统技术等，这些是维护网络安全最基本的技术手段。利用密码技术对信息进行加密，可以保证电子信息的保密性；利用防火墙构建网络保护屏障，可以保护用户资料信息的安全；利用 VPN 技术在公用网络上建立专用网络，可以实现加密通信；利用入侵检测防护系统，可以识别入侵与攻击手段，并做出相应防范等。

在利用技术手段保护网络安全时，应遵循“适度防范”原则。因为网络安全产品和技术生产与运行成本较高，如果过于强调信息零风险，就将造成安全成本过高问题，这样安全保障也就失去了意义。因此，应在风险评估的前提下,引入适当的控制措施,使风险降到可以接受的水平。

（二）信息伦理机制

信息伦理机制是保障网络安全的重要手段，旨在规范网络活动参与者的行为。它以善恶为标准，从伦理道德的角度对信息的开发、传播、管理和利用提出要求。其中，美国计算机伦理协会制定的“计算机伦理十诫”是比较著名的信息伦理原则之一。信息伦理机制对网络行为主体具有一定的约束力。它旨在引导和规范个人、组织和机构在网络空间中的行为，促使其道德、公正和负责任地使用网络。信息伦理机制要求网络使用者尊重他人的隐私权、知识产权，遵守法律法规，不进行网络攻击、网络诈骗和侵犯他人权益的行为。

然而，与其他领域的伦理道德规范一样，信息伦理机制在国家强制力保障方面相对缺乏。执行信息伦理机制往往依赖于网络使用者的自我认同和自我约束。因为网络跨越国界，存在不同国家和地区的法律法规差异，信息伦理标准也可能存在差异。因此，信息伦理机制更多地强调道德教育和引导，培养网络使用者的道德意识和责任感，以自愿遵守信息伦理要求为重点。

为了增强信息伦理机制的有效性，需要综合运用法律法规、技术手段和道德规范。国家应该制定和完善相关法律法规，明确网络行为的合法性和违法性，加大对违法行为的惩处和打击力度。同时，技术手段如数据隐私保护、网络安全防护等也是信息伦理机制的重要支撑。学校、家庭和社会应该共同努力，培养和弘扬正确的信息伦理观念，提高网络使用者的道德素养和责任意识。只有多方合作，才能建立健全的信息伦理机制，保障网络空间的安全、健康和可持续发展。

（三）法律机制

网络安全的法律机制指针对网络等相关领域制定法律法规，运用法律建立网络安全的保护屏障。除技术机制和信息伦理机外，法律机制是另一种重要的网络安全保护机制，其弥补了技术机制和伦理机制的不足，是各国普遍采用的网络安全机制。

法律机制是保障网络安全的有效机制。我国网络安全法律体系正处于逐渐健全的过程中，如《网络安全法》《电子商务法》等，在网络犯罪、电子商务、网络隐私权保护等方面制定了相应法律法规，切实保护了我国网络安全。

四、网络法与《网络安全法》

随着网络的发展，网络空间与现实世界已经密不可分。网络技术的发展对传统法律造成了一定冲击，由网络社会引起的法律问题也日益增多。为完善网络保护的法律机制，政府不仅需要针对网络问题进行立法，还需要对传统法律进行补充、修改和完善，以使其适应网络发展的现状。这就是网络法和《网络安全法》的由来。

（一）网络法

随着网络的发展和普及，网络法随之产生和发展。网络法是网络和法律相结合的产物，对于网络法的概念，学界尚未有统一定论，主要观点有以下五种。

（1）网络法是将“网络”作为其规范领域的法律，并由此形成了相应的法学学科。

（2）规范网络活动的网络法是一个高度综合的法律领域，其中既有反映网络特点的技术性法律规范，又有以现实中的各个法律部门为依托的、专门解决某些网络社会问题的法律制度，它们相互联系、互为补充，构成了相对完整的网络法律规范群体，具体包括技术性法律规范、网络社区法律规范和其他法律规范。

（3）网络法是调整网络应用所产生的社会规范的总称，是一个与现有法律不简单重复的另类法律规范体系。

（4）网络法是调整与网络有关的各种社会关系的法律规范的总称，网络社会关系包括电子商务交易关系、电子政务管理关系、网络虚拟财产权关系、网络电子知识产权关系等。

（5）网络法是调整由于互联网技术的使用而形成的或者互联网平台所承载的区别于传统领域的各类社会关系的规范的总和。尽管网络法有其特定的调整对象，但是它的调整手段涉及所有现行公法和私法领域，可以说，它不是一个在现有法律体系中产生的独立的法律部门，而是针对网络社会出现的新问题的法律规范的集合。

由此可以知道，互联网的发展形成了区别于传统社会的网络社会，网络空间包含着其他领域所没有的规制问题，因此，除传统法律外，还有一些专门的法律被制定，以适应网络社会的发展。这些与网络相关的法律现象不断累积，并逐渐体系化，从而形成了网络法。可以说，网络法是调整与网络有关的各种社会关系法律规范的总称。

目前，网络社会的法律问题主要包括网络安全问题、信息网络经营问题、电子商务网络问题、网络知识产权问题、网络程序法律问题等，我国法律也根据这些问题逐渐在原有法律框架上做出调整和修改。一部分网络法以“网络管制”为主要价值取向，其调整目的在于管制网络行为，消除网络负面影响，如“网络实名制”立法；另一部分网络法的调整目的则在于促进网络发展，保护网络个人权利，解决网络纠纷，如“个人信息保护权”“网络传播权”“电子商务法”立法。

（二）《网络安全法》

《网络安全法》涵盖行政法、民法、刑法、经济法等多个法律部门，涉及网络、资源、应用、产业等网络各个物理架构层面，以往的网络安全法律体系得以统筹，并由这部基本法来全面统领。同时，《网络安全法》实施后，还出台了一系列配套规定，包括网络产品和服务、网络安全审查、网络信息服务、个人信息保护、数据安全、关键信息基础设施保护等主要方面。

《网络安全法》实施以来，为网络法律体系建设提供了上位法基础。有关法律法规项目被提上议程，如《关键信息基础设施安全保护条例》被列入国务院立法工作计划并加快推进出台，落实了《网络安全法》有关关键信息基础设施安全保护的有关要求。国家互联网信息办公室出台了《互联网新闻信息服务管理规定》《区块链信息服务管理规定》等部门规章，以及《互联网跟帖评论服务管理规定》《互联网群组信息服务管理规定》等多部规范性文件，细化了网络信息安全的有关要求。此外，《儿童个人信息网络保护规定》《网络安全审查办法》等规章制度相继出台。这些法规制度，既是《网络安全法》的具体配套措施，也是完善网络法律体系的重要内容。

《网络安全法》实施以来，为网络执法活动提供了法律依据。同时，《网络安全法》的制定立足信息技术，因此其立法以一定技术标准为基础，并遵循、适应网络规律。例如，《中华人民共和国电子签名法》认可通过代码、口令、算法或公钥等生成的电子签名在法定前提下与传统手写签名和盖章具有同等法律效力。

第二章　著作权与著作权制度概述

第一节　著作权的概念及特点

一、著作权的基本概念

著作权最初名为复制权（copyright），我国译为版权。英国、美国等国家以“个人财产论”为出发点，强调著作权的财产权，因此习惯称之为版权；德国、法国等国家以“天赋人权论”为出发点，认为作者的人身权利是一种天赋的自然权利，因此将著作权称为作者权（author's right）。日本以“著作权”界定著作权本身及与之密切相关的各种权利。我国在 1986 年通过的《中华人民共和国民法通则》（2021 年废止）第九十四条中将著作权与版权作为同义语并称。

所谓著作权，是指作者依法对其创作的文学、艺术或科学作品所享有的专有权利。这种完整的专有权利包括人身权和财产权。作者一旦依法享有专有著作权利，就对这种权利享有占有权、使用权和处分权。广义的著作权还包括邻接权，《中华人民共和国著作权法》（以下简称《著作权法》）称之为“与著作权有关的权利”。著作权人享有的作品著作权包括发表权、复制权、署名权、修改权、发行权等多种权能权限，同时著作权人可以向他人授予其著作权中的很多权能权限，而这些权能权限在授权期满后，仍将回归著作权人。

在没有著作权法律规范的环境中，作者的著作权缺乏必要的法律保护，很容易受到侵害，其对作品享有的各项权利的行使也会因此受到一定影响。因此，只有在有较为完整的著作权法律规范的环境中，作者才能拥有较为完整的著作权，并正常行使其对作品的各项权利，其作品相关的财产权等也才能够得到有效保护。由此可见，著作权法律法规对保护著作权的完整性十分重要。

二、著作权的基本特点

著作权的基本特点如图 2-1 所示。

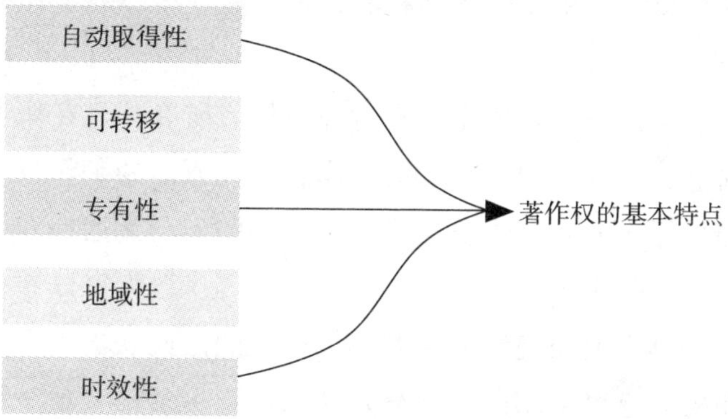

图 2-1　著作权的基本特点

（一）自动取得性

作者自完成其作品的创作时，就自动获得了该作品的著作权。作者与作品之间具有密切的人格利益关系，作者进行创作活动是产生作品的必然方式，作品的产生必然是因为作者的创作，因此作者与其作品之间具有必然的联系。而作为作者智慧创作活动的成果，作品本身及与其相关的一系列权利必然归作者拥有。《著作权法》第二条第一款对此有相关规定："中国公民、法人或者非法人组织的作品，不论是否发表，依照本法享有著作权。"维系作者与其作品之间的人格利益关系，保障作者关于其作品相关的权利利益不被侵犯，是忠实于历史和对世人负责的重要要求，这一要求不会因环境变化、历史变迁、时代背景的改变而发生变化。所以，著作人身权中具有专属性的部分权利应受到永久保护。

例如，《资治通鉴》无论再经历多少年都仍是司马光的作品，我们仍须维护司马光的作者署名权。《著作权法》第二十二条规定的“作者的署名权、修改权、保护作品完整权的保护期不受限制”正说明了这一道理。

（二）可转移

作品的著作权仅为作者所有，非作品创作人员仅能通过合法途径以著作权人转让的方式获得著作权。只有拥有著作权的人才能对相应的作品行使著作权权利体系内的各项权利，而没有获得作品著作权的人不享有该作品的著作权。

作品的著作权自作者创作完成时即归作者所有，且在作者未将著作权转让之前，著作权仅归作者所有。作者转让作品的著作权后，该作品的著作权归受让人所有，作者与受让人之外的人员无法拥有该作品的著作权。对此，《著作权法》第十条规定：“著作权人可以许可他人行使前款第五项至第十七项规定的权利，并依照约定或者本法有关规定获得报酬。著作权人可以全部或者部分转让本条第一款第五项至第十七项规定的权利，并依照约定或者本法有关规定获得报酬。”此外，《著作权法》第二十一条规定：“著作权属于自然人的，自然人死亡后，其本法第十条第一款第五项至第十七项规定的权利在本法规定的保护期内，依法转移。”由此可以看出，只要双方当事人没有违反相关法律的强制性规定，转让就是允许的。

（三）专有性

著作权的专有性，又称为独占性、排他性或垄断性，是指著作权属于权利人所有，只有权利人享有占有、使用和处分的权利，其他人未经权利人的许可不得占有、使用和处分。作为著作权客体的作品，是作者的个性和人格的表现。除法律另有规定的外，特定作品的专有权只属于作者。批量生产的商品可以成千成万，分属于许多人，而每个所有人都可以对他的所有物进行占有、使用、收益和处分。但作者的作品无论怎样走进千家万户，其著作权仍归属于作者。除法律规定的某些情况（如为了个人学习或欣赏而使用）外，作品的每次使用都需要作者授权。对于一部作品作为出版、翻译、改编、广播等项使用，作者分别拥有每一项权利，并可分别行使每一项权利。他人对作品的每项使用都要取得作者许可。无论作品怎样为众人使用，或多次使用、多项使用，使用的许可权都仍为作者专有。如果作者不享有专有权，那么他就不能从作品的使用中获得什么利益，而其他人则可不付代价地从作品的使用中获得利益。未经著作权人同意或法律许可，他人行使这种专有权利就是侵权。例如，将他人创作的作品当作自己的作品发表；未参与创作，却利用职权强行在作品上署名；未经著作权人许可，在法律允许的范围之外，以展览、表演、播放、改编等形式使用著作物等。

（四）地域性

早期，大多数国家的人关注的是作者的著作权是否在国内得到了认可和保护，以及出版商在国内的权益是否得到了有效保护。由此可知，人们对著作权的保护大多限制在自己国家领土覆盖的地域中，本国作品在国际传播的频次不高，作者著作权在国际上的保护需求不大。

但随着国家之间的往来逐渐密切，各国优秀智力创作的作品在国际传播的频次越来越高，作者方对作品在国际传播过程中产生的著作权保护需求不断增长。对此，国际对著作权日益重视起来。但一个国家法律所保护的某项权利也只能在该国范围内发生法律效力，因此大部分国家需要与其他国家达成共同维护著作权的相关协议。

直至 19 世纪中叶，很多国家为了更好地保护本国作品及作者的著作权，互相之间签署了双边或者多边的著作权保护协议，并就多个领域的著作权保护相关事项达成了一致意见，同时还通过相关文件加入国际公约成为不同领域著作权保护的成员国，共同维护各国作品及作者的著作权。

对此，《著作权法》第二条规定：“外国人、无国籍人的作品根据其作者所属国或者经常居住地国同中国签订的协议或者共同参加的国际条约享有的著作权，受本法保护。外国人、无国籍人的作品首先在中国境内出版的，依照本法享有著作权。未与中国签订协议或者共同参加国际条约的国家的作者以及无国籍人的作品首次在中国参加的国际条约的成员国出版的，或者在成员国和非成员国同时出版的，受本法保护。”

（五）时效性

为了更好地维护著作权，更充分地发挥作品的价值以及平衡维护著作权与发挥作品价值二者之间的关系，为著作权人和作品提供适当的保护，著作权在一些方面具有一定的时效性。

《著作权法》第二十三条规定：“自然人的作品，其发表权、本法第十条第一款第五项至第十七项规定的权利的保护期为作者终生及其死亡后五十年，截止于作者死亡后第五十年的 12 月 31 日；如果是合作作品，截止于最后死亡的作者死亡后第五十年的 12 月 31 日。法人或者非法人组织的作品、著作权（署名权除外）由法人或者非法人组织享有的职务作品，其发表权的保护期为五十年，截止于作品创作完成后第五十年的 12 月 31 日；本法第十条第一款第五项至第十七项规定的权利的保护期为五十年，截止于作品首次发表后第五十年的 12 月 31 日，但作品自创作完成后五十年内未发表的，本法不再保护。视听作品，其发表权的保护期为五十年，截止于作品创作完成后第五十年的 12 月 31 日；本法第十条第一款第五项至第十七项规定的权利的保护期为五十年，截止于作品首次发表后第五十年的 12 月 31 日，但作品自创作完成后五十年内未发表的，本法不再保护。”

第二节　著作权制度的产生和发展

一、著作权制度的内涵

著作权制度是以著作权法律规范为基础建立和运行的法律体系。《著作权法》仅仅是确认和保护人类在艺术、科学、文学、技术等领域中创造的智力成果的行为规范，而著作权制度则是通过一系列的运行与操作机制来实现这些规范的确认和保护。《著作权法》是以静态形式存在的著作权法律规范，通常表现为法律立法的条文。《著作权法》规范了著作权的主体、客体、权利和限制等多个方面，明确了著作权人的权利，以及他人使用著作权作品的条件和限制。《著作权法》的制定和修改是国家立法机关的职责，旨在维护创作者的权益，促进文化创作和知识创新。著作权制度则是以动态形式存在的著作权法律规范，是著作权立法、执法和司法的总称。著作权制度包括《著作权法》的实施和执行机制，以及相关的行政管理、司法保护和国际合作等方面。它涉及著作权的登记、许可、侵权纠纷解决等具体操作，并通过法律制度的有效实施和执行，保护著作权人的合法权益。著作权制度的目标是平衡创作者和社会公众的权益，鼓励创造性的表达和创新，并为文化产业的发展提供法律保障。它对于促进知识产权保护、文化产业发展和社会进步具有重要意义。著作权制度的完善和有效运行有赖于法律的制定、执法部门的实施和司法机构的维权，同时需要社会各界的理解、支持与合作。

二、我国著作权制度的产生与发展

我国著作权制度的产生与发展也经历了漫长的演变过程。在研究我国著作权制度的演变过程时，首先应明确以下三个要素：第一，我国社会制度的性质；第二，我国社会制度的演变历史及历史对现实的深远影响；第三，外来因素对我国著作权制度发展演变的影响。我国著作权制度的发展历程大致如图 2-2 所示。

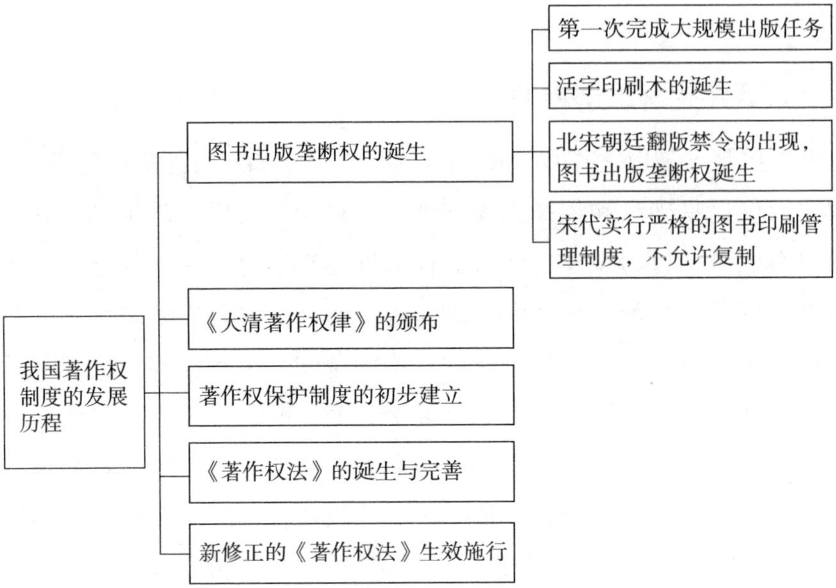

图 2-2　我国著作权制度的发展历程

（一）图书出版垄断权的诞生

中国作为印刷术的发祥地，较西方国家有很大的先决优势，早在隋唐时期，雕版印刷术的产生就繁荣了我国文字文化。五代时期，我国完成了有史以来第一次大规模的出版任务——《九经》（监本）。书籍出版后，官方有意识地保护刻本的完整性与权威性，防范内容被篡改、歪曲，体现了“犹禁擅镌”的思想，这也代表著作权观念在当时已萌芽。

到北宋时期，毕昇发明了活字印刷术，大大促进了文字作品的传播和发展。北宋毕昇的活字印刷术比欧洲谷登堡（Gutenberg）采用的活字印刷术早 400 多年。

宋代时期，我国就出现了由朝廷发布的翻版禁令，即当时的图书出版垄断权，比欧洲 15 世纪、16 世纪出现的图书出版垄断权早 500 年左右。自宋代起，直至清朝的光绪年间，这种由朝廷保护出版商专有权的形式长久地存在于我国漫长的发展演变历史中，能够在一定程度上满足当时社会对图书印刷的需求，同时也有利于严格审查、把控图书的内容及质量。

在宋代，我国印刷图书需经过报批，并且不允许复制。南宋广宗绍熙年间，四川眉州一程姓官员，刻印同乡王称所著的北宋历史《东都事略》时，曾在该书初刻本目录页上附一方牌记："眉山程舍人宅刊行，已申上司，不许覆板。"其中，"不许覆板"就是为了保护作者的智力劳动成果和作品相对应的商业利益。可见，当时我国已形成对著作权的保护意识。

这一时期，我国著作权制度始终为真正意义上的著作权的"雏形"，虽然后来清朝发布了《大清律例》《大清印刷物专律》以及《大清报律》，但是我国著作权制度从本质上看仍未脱离"雏形"阶段。

（二）《大清著作权律》的颁布

1910 年，我国颁布了《大清著作权律》，该权律法案是我国历史上第一部著作权立法。该法分通例、权利期限、呈报义务、权利限制、附则五章，共五十五条，主要规定了著作权的概念、著作物的范围、取得保护的呈报义务、著作权的保护期限、著作权的权限及侵犯著作权的处罚等内容，对后来我国版权法的发展变革具有重大影响。

（三）著作权保护制度的初步建立

1949 年 10 月 1 日是我国历史中至关重要的一天，自这一天起，我国发展步入了新阶段，以宪法为主的多项重要法律均开始陆续制定，虽然暂时没有规划相对独立的著作权法，但是我国宪法中有与著作权保护相关的内容。我国宪法规定，公民有言论出版自由，有获得劳动报酬的权利，国家对一切公民从事有利于国家和社会利益的创作活动均持支持意见，鼓励文化科学事业大力发展。

1950年，《关于改进和发展出版工作的决议》指出，出版业应当尊重著作权与出版权，不得有翻印、抄袭、篡改等行为。1953年，《关于纠正任意翻印图书现象的规定》强调，为了尊重版权，任何单位不得翻印出版社出版的图书图片。1951年，《著作权出版权暂行条例》起草委员会成立。1957年，《保障出版物著作权暂行规定（草案）》中明确提出了受保护著作的范围及期限等。此后，我国又颁发了几个规定，主要是关于稿酬制度方面的规定，并对作者权益进行了一定的保护。

中国共产党第十一届中央委员会第三次全体会议后，各项政策逐步落实，保护作者正当权益的稿酬制度也逐步恢复并健全起来。而后又相继颁布了多部法律，例如《中华人民共和国中外合资经营企业所得税法施行细则》《中华人民共和国外国企业所得税法施行细则》，承认了著作权属于某种财产权，且由个人或企业享有；再如《关于试行新闻出版稿酬及补贴办法的通知》《书籍稿酬试行规定》《图书、期刊版权保护试行条例》《录音录像出版物版权保护暂行条例》，对广大文学、科学、艺术作品的著作权提供了适当保护，并明确规定了电影创作、广播电视节目播放、剧本上演、音像出版等方面向作者支付报酬的办法和标准。这一时期，我国尚未单独制定一部著作权法，但在多部法律的交叉保护下，著作权已然得到了较为全面的保护，著作权保护制度的规模已初步形成，且对我国版权保护的发展和演变具有十分积极的作用。

（四）《著作权法》的诞生与完善

1979年4月21日，国家出版局向国务院呈报了关于制定版权法、建立版权机构的报告。同年5月，国家出版局开展调查研究，并着手起草版权法和出版法。1980年7月，国家出版局草拟《中华人民共和国版权法（草案）》，并在北京组织讨论。1986年4月12日，第六届全国人民代表大会第四次会议通过《中华人民共和国民法通则》（2021年废止），第一次以法律的形式确认了著作权保护。同年5月，国家版权局向国务院呈报审议《中华人民共和国版权法（草案）》，后更名为《中华人民共和国著作权法（草案）》。1989 年 12 月，第七届全国人民代表大会常务委员会第十一次会议开始对这项法律草案进行审议。几经讨论与修改后，《著作权法》由第七届全国人民代表大会常务委员会第十五次会议于 1990 年 9 月 7 日通过，并于 1991 年 6 月 1 日开始施行。

《著作权法》自实施以来，对我国经济文化的发展产生了重要影响，对我国科学、艺术、文化、教育等多个领域的发展都起到了重要的推动作用。自 1992 年起，《著作权法》几经修正，不断更新，日渐丰富。后来，我国不仅成为《伯尔尼公约》和《世界版权公约》的成员国，通过了多项国际性著作权保护文件，还陆续发布了《实施国际著作权条约的规定》《中国知识产权保护状况》《全国人民代表大会常务委员会关于惩治侵犯著作权的犯罪的决定》《国务院关于进一步加强知识产权保护工作的决定》《国家版权局关于不得使用非法复制的计算机软件的通知》《著作权行政处罚实施办法》《鼓励软件和集成电路产业发展的若干政策》《关于政府部门应带头使用正版软件的通知》《计算机软件保护条例》等多项文件，并成立了中国版权保护中心，从多个领域、多个方面对著作权法进行了较为全面的修正与补充，由此我国著作权制度也迅速完善起来。

（五）新修正的《中华人民共和国著作权法》生效施行

2020 年 11 月 11 日，《著作权法》终于完成了历时十年的第三次修订。2021 年 6 月 1 日，持续修改完成的《著作权法》再次生效。此次修改与前两次相比，准备时间最长，修改条文最多，修法过程最具开放性。新修正的《著作权法》契合了“十四五”规划中“健全知识产权保护运用体制”的要求，对促进新时代版权事业的高质量发展具有重要意义。

随着网络技术的升级与更迭，大数据、区块链、人工智能、云计算等数字技术的产生和广泛应用对著作权保护提出了重大挑战。对此，新修正的《著作权法》做出了不同程度的回应。我国司法机关与版权行政机关也对新型技术的发展动态予以密切关注，并与相关领域的专业人士进行了常态化的交流研讨，就权利保护、侵权认定、协同办理、权益维护等内容达成了共识，以共同提高我国版权保护的水平。

新修正的《著作权法》进一步规范了国内版权保护行为，并对国内的版权运用与转化提出了以下要求：第一，依托科技构建信息化、专业化、规范化的版权业务办理平台，简化著作权合同、作品登记等手续，提高业务办理效率；第二，健全行业协会、代理机构等社会组织，激活社会组织服务版权企业的功能；第三，积极学习并推广部分地区的先进做法与经验，在全国范围内统筹推进版权运用和转化的产业化与高质化，推动全国版权事业高质量发展。

三、外国著作权制度的产生与发展

在不同历史时期、不同国家，著作权制度被赋予了不同的含义，包括但不限于版权法、著作权法、作者权法等不同概念。随着历史进程的不断推进、政权的兴衰演变，以及统治者的新旧更替，著作权制度也不断演变发展，日益完善。

（一）著作权的萌芽阶段

著作权制度的产生晚于一般财产所有权制度。在活字印刷术流行于世之前，人类智力的创作成果不能被大量复制和出售。由于无利可图而不具备商品属性，因此没有形成也无须形成著作权来确认和保护人类这一时期的智力创作成果。这一时期的作者只能自己保护自己的作品，抄袭者所受到的大多为良心的谴责和道德的抵制，而非法律层面的制裁。

15 世纪中后期，起源于中国的造纸术与印刷术传入西方多个国家和地区，不仅为人类智力创作活动的开展提供了强大的支持，还为人类文明的传播和传承创造了良好的条件，著作权制度也因此产生并得以发展。例如，中国发明的造纸术与印刷术迅速推动了英国图书市场的发展，印刷出版在英国快速发展成一种有利可图的营利行为，保护印刷商的翻印专有权就成为当时集体印刷商乃至整个英国社会的迫切需求。

15 世纪末，活字印刷术在欧洲盛行，人们认为，德国印刷业从业者谷登堡是当时最早使用活字印刷术的代表，而威尼斯共和国特许印刷商施贝叶（Speyer）享有威尼斯五年印刷出版的专有权，即当时威尼斯图书印刷出版的垄断权，也是最早的原始版权，这被认为是欧洲历史上原始著作权制度或著作权的雏形，也被认为是早期西方版权制度的雏形，但还不能视为典型的著作权保护制度。

进入 16 世纪后，整个欧洲广泛出现这种由王室授予印刷商图书出版垄断权的现象。这种现象快速风靡全欧洲的主要原因如下：第一，虽然出版业间的盗印行为在当时的欧洲地区已然成风，但人们对随意复制他人印刷出版物的行为并不提倡，甚至抱有抵制的心态，为此王室向有一定资格的出版商授予垄断出版权，就是希望以此限制和打击当时欧洲地区盗印出版物的行为；第二，当时的封建王室经济拮据，向出版商授予垄断出版权可以为其收敛一部分财政收入，以支撑其日常庞大的经济支出；第三，中世纪时期，欧洲宗教势力庞大，占据重要的统治地位，欧洲大部分国家都采用政教合一的形式治国发展，欧洲的一些国家统治者为了强化自身在国家政治方面的话语权，维护和巩固自身的统治地位，就想通过授予垄断出版权，并施以严格的政治和宗教审查，来达到控制新思想传播的目的。

如此一来，欧洲王室与出版商一拍即合，出版法的雏形就此产生。之所以称这种图书印刷出版垄断权为出版法的“雏形”而不是真正意义上的出版法，一方面是因为这种图书印刷出版垄断权能够对当时的出版市场进行有效管理，还能够对出版物进行必要的政治审查，这两点与今天的出版法有很大的相同之处，另一方面则是因为这种图书印刷出版垄断权仅与欧洲王室和印刷商之间的利益关系相关，其目的并不在于确认和保护创作者的智力创作成果，因此以“雏形”区分其与今天的出版法。

起初，人们认为 15 世纪和 16 世纪欧洲出现的出版垄断权是欧洲历史乃至世界上出现的最早的版权制度，但后经相关学者考证，他们否认了这种观点，认为中国北宋时期才是出版垄断权最早出现在世界上的时期，比欧洲早出现近 500 年。[①]

（二）著作权的形成阶段

当出版商的权利获得保护后，人们很快便意识到，作者才是作品的创造者，是作品诞生、印刷、出版的源头，如果只保护出版商的利益，而不关注、不重视作者的权益，出版上的利益就会变成无源之水。由此，人们的视线更多地停留在有关印刷商、作者、出版商之间的权益保护、利益平衡上。

1910 年，英国颁布了《安妮女王法令》这一具有历史里程碑意义的法律。该法明确了立法的目的是防止“印刷商、书商和其他人不经作者和所有者的同意，随意印刷、翻印和出版图书，使作者或所有者受到极大的损害”，它确认了作者对作品的支配权，首次将作者列为受保护的主体，因此这部法律被视为近代版权法。

该法不仅将作者与出版者共同作为版权的主体加以保护，还明确规定了出版者的诸项权利，虽表明作者的权利仅为对印刷出版或再版的同意权或禁止权（仅被视为一种经济权利），但却从法律层面上确认了印刷出版专有权的财产性质，明确了版权应依法生产，而非由王室、统治阶级授权产生，并对出版物做出了一系列具体、有期限的保护。世界上第一部近代意义上的版权法，也是世界上第一部成文的版权法就此诞生。

从某种角度上看，《安妮女王法令》虽然仅保护了图书的“复制权”，但仍被公认为世界上第一部版权法，对现代意义版权保护的形成具有重要的影响。继《安妮女王法令》之后，在近百年的时间里，英国先后对雕刻、雕塑以及戏剧等人类智慧创作成果推出了对应的版权法，因此版权制度保护的客体也从最初《安妮女王法令》规定的书籍逐步扩充到了更多种类的创作品，版权法保护的范围也逐步扩大。

① 郑成思 . 版权法 [M]. 北京：中国人民大学出版社，1990：4.

（三）著作权的完善阶段

1. 法国作者权法

18世纪的法国也曾发生过由国王授予出版商图书出版垄断权的事件。1777年，国王路易十六曾颁布过与《安妮女王法令》内容较为相近的法令，承认作者有发表和出售自己作品的权利。随着比英国资产阶级革命更闻名于世的法国资产阶级革命的到来，著作权制度的发展被推向了一个新阶段，著作权制度在这一时期得到了很大程度的完善和发展。

1789年8月，法国制宪会议通过《人权与公民权宣言》（《人权宣言》），取消了路易王朝赋予作者和出版商的特权。1791年与1793年，法国就表演权和作者权颁布了相关法律，使著作权制度得到进一步完善。与英国、美国版权法不同，法国与版权相关的法律将保护作者的精神权利置于首要地位，并以此为基础和重要前提考虑经济权利。法国法律将版权相关的精神权利与经济权利明确归属于作者，确认和保护了作者的权利。法国就作者权颁布的法律充分表明了法国对作者各项著作权利的重视和保护，且对很多国家著作权制度的产生和发展产生了深刻影响，如意大利、德国、俄罗斯等国的著作权制度中就出现了“作者权”的概念。

2. 美国联邦版权法

受英国法律影响较大、同属普通法系的美国法律，在版权制度方面也是亦步亦趋。1787年，美国制定的《美利坚合众国宪法》确定和保护了创作者在一定期限内的著作权：“美国国会有权……对著作人或发明人，就其个人著作权或发明的专利权利，赋予一定期间加以保障，以促进科学技术和文学艺术的发展”。在这一立法精神的指导下，美国国会于1790年仿照英国《安妮女王法令》制定并通过了第一部版权法。该法后来于1802年、1831年、1834年、1903年分别进行了修正，并于1909年历经第一次全面修正，增加了强制授权制度。从1955年开始，它历经二十余年漫长的审查、考证，终于于1976年10月19日颁布，并于

1978年1月1日生效。而后，该法又经过不断地修正，直至1994年12月形成了美国现行著作权法。

3. 德国版权法

1985年6月，德国修订了有关著作权的法律，强调著作权应保护著作人与著作之间的精神及人身关系并保护著作人对其著作的利用权利，并将著作权中的“人身权”置于“使用权”与“其他权利”之前，强调作者的精神权利。在德国看来，无论是作品的创作还是使用，都应充分尊重作者的人格与精神。

4. 意大利版权法

1981年7月，意大利修正了作者权法，尽管从排列行看，“人格权”在“经济使用权”之后，但该法案强调只有作者才是这两种权利的主体。这部法案将“人格权”置后，主要是为了强调“经济使用权”转让后不影响作者对已转让经济权利的作品拥有“人格权”。

5. 日本著作权法

日本著作权制度的产生和发展历史与欧洲相似，但时间较欧洲稍晚。日本著作权制度的产生始于日本德川幕府封建统治时期，主要是以授予出版方图书出版垄断权的形式达成政治审查的目的。

1869年，日本制定了出版条例，为出版者的特权提供了保护。1887年，日本制定了版权条例，这是为保护作者利益而制定的，后于1893年修改制定成版权法。

1899年，受德国影响，日本颁布了著作权法，并经多次修订，将德国与美国两大法系的元素逐渐融入了著作权法。关于版权，日本学者认为，广义层面的“版权”通常指作者人格权和作品财产权，强调作者人格权与作品财产权之间相互依存、密不可分的关系；而狭义层面的“版权”仅代表作品的财产权，即财产使用权。日本著作权制度体现了版权广义层面与狭义层面的结合、折中，既承认作者的人格权，又在以一定条件为前提的基础上将人格权与财产权适当区分开来，保持两种权利相互独立，这种版权的划分方式与当时的历史背景环境相符，在当时的社会发展中呈现出一种更合理的新趋向。

（四）著作权保护的国际化时期

随着国际交往的日益频繁和传播技术的日新月异，单一的国内著作权对作者权益的保护力度逐渐不足。为防止作品被人任意跨国境使用，加强对作者合法权益的保护力度，从19世纪中叶开始，著作权保护就由国内立法逐步发展到两国就著作权进行双边保护。

1850年，法国第一个宣布将其著作权保护扩大到一切作品，一则是为了表示其“人权思想”，二则是为了引起其他国家对著作权国际保护的重视。1852—1862年，法国分别与23个国家签订了双边著作权协定。1865年，德国巴伐利亚州颁布关于保护文学艺术的作者权法。该法首次使用了“作者权”的概念，是著作权思想史上一次划时代的发展。

1883年，国际文学艺术协会提出一项保护文学艺术作品的国际公约草案。1886年，《保护文学艺术作品的伯尔尼公约》（以下简称《伯尔尼公约》）在瑞士伯尔尼正式签署。这是国际首个著作权公约，它的签订与生效标志着国际著作权保护由双边协议转向多边保护，国际著作权保护制度初步建立，保护体系初步形成，著作权正式进入国际化保护阶段。

后来，国际上陆续出现和签订了《世界版权公约》、《保护表演者、录音制品制作者和广播组织罗马公约》（《罗马公约》）、《关于播送由人造卫星传播载有节目的信号的公约》（《卫星公约》）等多部著作权保护的协定。这不仅是经济、政治、文化、科学技术共同作用的结果，也是人类社会健康发展、人类文明不断进步的表现。

第三节　著作权的权利使用

著作权的权利使用分为许可、转让、出质。

一、著作权的许可使用

著作权的许可使用是指著作权人授权他人在一定时间、一定范围内按照约定的方式使用其作品的制度。著作权的许可使用是著作权人对著作财产权的支配，它不改变著作权的归属，被许可人获得的只是作品的使用权。许可使用应签订许可使用合同，许可使用的权利属于专有使用权的，还应当签订书面合同，但《著作权法》规定可以不经许可的除外。许可使用合同包括下列主要内容：①许可使用的权利种类；②许可使用的权利是专有使用权或者非专有使用权；③许可使用的地域范围、期间；④付酬标准和办法；⑤违约责任；⑥双方认为需要约定的其他内容。

著作财产权的许可使用可分为三种，如图 2-3 所示。

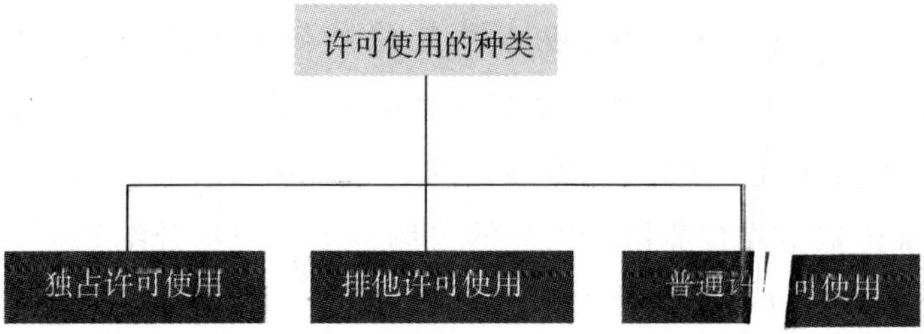

图 2-3　许可使用的种类

（一）独占许可使用

独占许可使用是著作权人对他人授予的一种独占性使用权。根据独占许可使用的约定，著作权人只允许一个特定的被许可人在约定的时间、范围和特定方式下使用其作品。这意味着，在许可使用时间内，除了被许可人，包括著作权人本人在内的其他人都无权以约定的方式使用该作品。

独占许可使用被广泛运用，主要用于授权他人在特定条件下对作品进行独占性使用。这种许可形式可以为著作权人提供一定的经济利益和市场竞争优势。例如，音乐、电影和软件等领域常常使用独占许可使用模式，以确保唯一的许可人在一定时间内拥有对作品的独占使用权。

独占许可使用的约定通常涵盖多个方面，如使用时间的限定、使用范围的界定和使用方式的规定。这些约定可以根据双方的协商和需求进行灵活的制定。一旦许可使用的期限到期或约定的条件不再满足，其他人（包括著作权人）就可以在合法范围内使用该作品。需要注意的是，独占许可使用并不是转让著作权，著作权人仍然保留对作品的所有权利。被许可人获得的仅仅是在特定条件下独占使用作品的权利，而著作权人仍然保留其他权利，如修改权、复制权和再授权等。

独占许可使用是一种常见的著作权授权形式，著作权人可以通过这种方式在特定条件下授予他人对作品的独占使用权，以实现经济利益和市场控制。

（二）排他许可使用

排他许可使用，也被称为独家许可使用，是一种著作权授权形式。在排他许可使用中，著作权人授权他人在一定时间、一定范围内按照约定的方式使用其作品。与此同时，著作权人仍然保留对作品的同样条件下的使用权，但不允许将同样的使用权再次授权给第三方。在排他许可使用中，著作权人和被许可人达成协议，约定被许可人在特定的时间和范围内以约定的方式使用作品，如发行、制作衍生作品等，进行商业利用。著作权人通过排他许可使用获得了一定的经济利益和市场控制权，而被许可人则获得了独家使用作品的权利。

重要的是，排他许可使用并不是转让著作权，著作权人仍然保留对作品的所有权利。著作权人在授权他人排他性使用作品的同时，仍然保留自己使用作品的权利。排他许可使用在实践中被广泛运用，特别是在音乐、电影、出版物和软件等领域。通过排他许可使用，著作权人可以控制作品的商业利用和市场分配，确保被许可人在一定时间内独享使用作品的权利，从而获得经济回报和市场竞争优势。

（三）普通许可使用

普通许可使用是一种著作权授权形式，指著作权人授权他人在一定时间、一定范围内按照约定的方式使用其作品。与此同时，著作权人可以自行以同样的方式使用其作品，也可以再次授权他人进行同样的使用。在普通许可使用中，著作权人和被许可人达成协议，约定被许可人在特定的时间和范围内以约定的方式使用其作品，如复制、发行、展示、表演等。著作权人保留自己使用作品的权利，可以在同样的方式下使用作品。此外，著作权人也可以再次授权其他人使用作品，并使其与被许可人享有相同的使用权。而在这种授权形式下，通常会签订合同来确保双方的权益和义务得到保护。合同可以是书面形式，也可以采用其他形式，如口头协议或电子合同等。合同中会明确约定许可使用的时间、范围、方式以及双方的权利和责任。

需要注意的是，普通许可使用并不排除著作权侵权行为的发生。一般情况下，被许可人在发现侵权行为时没有权利提起诉讼；在著作权人明确授权的情况下，被许可人可以提起诉讼，以维护自己的合法权益。

二、著作权的转让

著作权的转让是指著作权人可以将其享有的著作权中财产权的一项、几项或全部财产权转让给他人。受让人可以取得该著作权中的一项、几项或全部财产权。著作权中的人身权因为具有人身属性，因此不能成为著作权转让的客体。著作权的转让应当订立书面合同，权利转让合同应包括下列主要内容：①作品的名称；②转让的权利种类、地域范围；③转让价金；④交付转让价金的日期和方式；⑤违约责任；⑥双方认为需要约定的其他内容。

三、著作权的出质

债务人不履行债务时，债权人有权依法以该财产权折价或者以拍卖、变卖该财产权的价款优先受偿。债务人或者第三人为出质人，债权人为质权人。

根据著作权的相关法律规定，著作权的出质应符合以下规定。

（1）著作权出质人必须是著作权的合法所有人。著作权为两人以上共有的，出质人为全体著作权人。中国公民、法人或非法人单位向外国人出质计算机软件著作权中的财产权，必须经国务院有关主管部门批准。

（2）以著作权中的财产权出质的，出质人与质权人应当订立书面合同，并到登记机关进行登记。

（3）出质人出质后，不得擅自转让或许可他人使用已出质的著作权中的财产权。如果出质人经质权人同意，则可以转让或者许可他人使用，但出质人所得的转让费或许可使用费应当向质权人提前清偿所担保的债权或向与质权人约定的第三人提存。

（4）质权人不得擅自使用已出质的著作权中的财产权，著作权质押的目的只是债权的担保，而非供质权人使用，如果质权人未经同意而使用这些权利，则构成侵权。

（5）被担保债权因清偿、抵消等原因被消灭后，质权人应协助出质人到登记机关办理合同注销登记。

第三章　著作权的权利主体与权利客体法律保护问题

第一节　著作权的权利主体与权利客体

一、权利主体

著作权人属于著作权的权利主体。从一定意义上看，著作权主体是指依照《著作权法》，对艺术、文学、科学作品享有著作权的法人、自然人或者其他组织。在通常语境下，作者即创作作品的自然人，侧重身份，但作者并非在任何时候都可以成为著作权的主体。从法律角度上看，作者是《著作权法》规定的可以享受某一作品著作权的主体。

以主体形态为标准，著作权主体可划分为法人、自然人和其他组织。法人指具有民事权利能力和民事行为能力，依法独立享有民事权利和承担民事义务的组织，具具备民事权利能力，能作为享受著作权、负担著作权相关义务和责任的民事主体。自然人即生物学意义上的人，是出生即获得民事主体资格的人，包括本国公民、外国公民和无国籍人。

创作是创作主体的一种事实行为，创作者无论智力水平如何、年龄大小，都可以成为著作权的主体。通常情况下，作品的作者指自然人，但为了保护和平衡作品各相关利益方的利益，考虑并充分尊重法人或其他组织在作品创作过程中的付出，法律也允许法人或其他组织成为著作权的原始主体。

以著作权的取得方式为标准，著作权主体可划分为原始主体（原始著作权人）与继受主体（继受著作权人）。著作权原始主体在完成对作品的创作时，依照《著作权法》与相关合同约定，直接、即刻享有对该作品的著作权。继受著作权人则可依据《著作权法》和相关合同约定以受让、继承、受赠等方式从原始著作权人处取得作品的著作权，继而享受作品著作权相关的权利，并履行相关义务。需要注意的是，在权利保护方式、权利范围等方面，原始著作权人与继受著作权人有所不同。

二、权利客体

（一）概念与特点

著作权的客体为作品，包括艺术、文学、科学领域内能够以一定形式表现出来且具有独创性的智力成果。法律意义上的作品具有以下特点。

1. 具有有形的表达形式

《著作权法》保护的确实是作品的具体表达形式，而不是思想本身。思想本身是抽象的、无形的，不受法律保护。然而，当思想通过具体的作品表达出来时，作为思想的一种表现形式，作品就成为受法律保护的对象。

作品作为《著作权法》保护的客体，具有有形的表达形式。通过作品，作者将自己的思想、观点、创造性的表达方式转化为具体的文字、图像、音乐、影像等形式，从而能够被人感知和理解。作品作为作者的智力成果，成了一种有形的、具象化的事物，可以通过感官媒介传达给观众、读者、听众等。

具体来说，一位作家的小说、一位画家的绘画作品、一位音乐家的乐曲、一位电影制作人的电影，它们都是具体的作品，通过文字、图像、音乐、影像等形式，将作者的思想和创意表达了出来。这些作品通过有形的表达形式来表达独特的内容，成为《著作权法》保护的对象。

著作权的保护目的在于鼓励创作者的创作和创新，确保他们对作品的经济利益和控制权。通过保护作品的具体表达形式，《著作权法》为创作者提供了法律保护，使他们能够享有作品所带来的经济回报，并保证了他们对作品的控制权。

2. 独创性

独创性的“独”表示作品是作者独立完成的，并非抄袭，但其并不表示为“独一无二”。假设两个作者先后分别独立完成了两件作品，而这两件作品恰巧相同或者实质性相似，则这两件作品各自产生著作权，两个作者均享有各自作品的著作权。例如摄影作品，两名摄影师可能先后都对同一景点进行了拍摄，二者的取景内容、拍摄角度等基本一致，且后来拍摄者在拍摄之前未看到先拍摄者的拍摄过程及拍摄结果，是其独立拍摄完成创作的，这种情况下，后者同样可以对其摄影作品享有著作权。

另外，独创性还要求作者对作品的创作具有一定的创造性，能够体现作者的个性化表达，且能在一定程度上展现作者的智力水平。创造性与艺术水准是两种不同的标准，艺术水准通常要求创作者有一定的艺术基础，且作品具有一定的艺术性，但创造性对作者的艺术水平没有要求，无论是艺术家还是普通人，都可以按照自己的想法，独立安排、设计创造出自己的作品，将自己的真实情感、观点与思想融入作品，通过作品表达出来。

（二）类型

根据《著作权法》和《中华人民共和国著作权法实施条例》（以下简称《著作权法实施条例》），具有著作权且受《著作权法》保护的作品可以划分为如图 3-1 所示的几种类型。

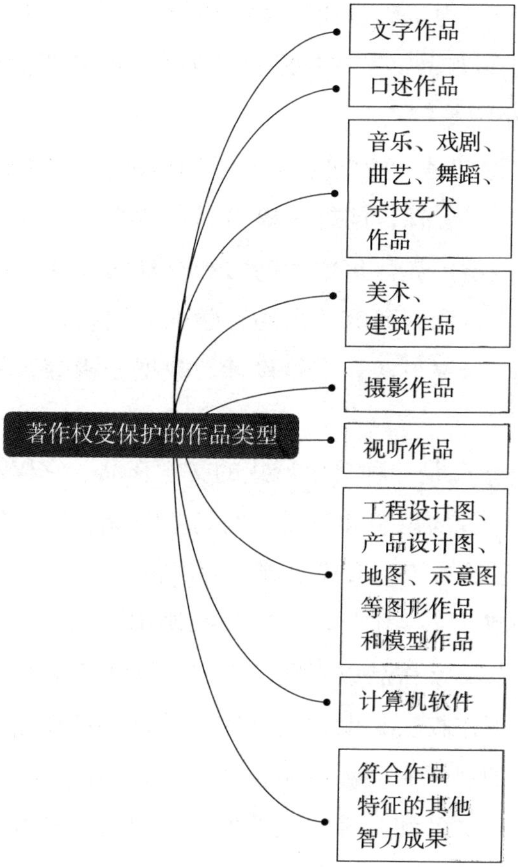

图 3-1　著作权受保护的作品类型

1. 文字作品

文字作品是《著作权法》保护的一种重要作品类型，它们以文字形式表达创作者的思想、观点和情感，主要包括诗词、小说、论文、散文等。

（1）诗词。诗词是一种神奇的艺术形式，以其独特的魅力而受人们喜爱。它以押韵、节奏和意象为特征，通过简练而精妙的语言表达情感和思想。无论是古体诗——展现着古人深邃的智慧和丰富的情感，还是现代诗——透露着现代人内心的纷繁复杂，抑或是民间诗歌——传递着民众的真挚感情，每一种形式都独具特色。

（2）小说。小说是一种虚构的故事性的文学作品，它以故事情节、人物形象和环境描写为基础，通过文字的叙述和描写展现出作者的创作才华和想象力。小说作品涵盖多种题材和类型，如爱情小说、历史小说、科幻小说、推理小说等。

（3）论文。论文是一种重要的学术性作品，旨在通过详尽的研究和分析，介绍研究成果，探讨问题，提出观点和结论。它不仅是学术交流的重要方式，也是学术界评价学者能力和贡献的重要依据。学术论文通常是在特定领域进行深入研究，采用科学的方法论，系统性地阐述问题背景、研究目的、研究方法、实验设计、数据分析等，并对研究结果进行解读和讨论。

（4）散文。散文是一种自由形式的文学作品，它以散文体的语言和叙述方式来表达作者的思想和感受。与诗歌相比，散文作品通常更加自由流畅，不受特定的格律和形式限制，可以包含随笔、游记等形式。

除了上述类型，文字作品还可以包括剧本、词曲、报告、演讲稿、书信等形式。这些文字作品以不同的方式表达了作者的思想、创造性和独特的观点。《著作权法》保护文字作品的创作和使用权益，确保作者能获得对其作品的经济利益和控制权。文字作品的保护鼓励了创作者的创作活动，促进了文学和学术领域的发展，也为读者和社会大众提供了丰富多样的文化产品和知识资源。

2. 口述作品

口述作品是《著作权法》保护的另一种作品类型，它们是通过口头语言形式表达的作品，主要包括授课、即兴演说、法庭辩论等形式。

（1）授课。授课是教学过程中的口述作品表达形式，指教师通过口头语言向学生传授知识、讲解理论、解释概念等。授课内容可以涵盖各个学科领域，包括自然科学、社会科学、人文艺术等。

（2）即兴演说。即兴演说是指在事先没有准备的情况下，通过口头语言即时表达观点、发表演讲或进行辩论。这种口述作品常见于公共演讲、辩论比赛、政治演讲等场合。

（3）法庭辩论。法庭辩论是指律师在法庭上通过口头辩论的方式表达观点、提出论证和进行辩护。律师通过口述作品来呈现证据、陈述法律理论和进行法律辩解。

口述作品具有即时性和流动性，它们依赖于创作者的口头表达和听众的聆听。口述作品的保护不仅关注创作者的创作权益，还强调对口述作品的传承和记录的重要性。在《著作权法》中，口述作品可以根据特定的情况和需要进行保护。一些国家和地区的法律规定，口述作品可以通过录音、记录和转录等方式进行保护和保存，以便作为证据或学术研究的依据。

3. 音乐、戏剧、曲艺、舞蹈、杂技艺术作品

《著作权法》保护的作品类型之一是音乐、戏剧、曲艺、舞蹈和杂技艺术作品。这些艺术形式以其独特的表现方式和艺术性而受到《著作权法》的保护。

（1）音乐作品。音乐作品包括交响乐、歌曲等能够演奏或演唱的作品。它们以声音和乐曲的形式表达创作者的情感、思想和创造力。音乐作品可以有歌词也可以无歌词，涵盖各种音乐风格和流派。

（2）戏剧作品。戏剧作品是供舞台演出的作品，包括地方戏、歌剧、话剧等。戏剧作品通过剧本、角色扮演和舞台演出等形式，表达情节、人物关系和主题思想，以传达创作者的意图和艺术表达。

（3）曲艺作品。曲艺作品是以说唱为主要表演形式的作品，包括大鼓、相声、评书、快书等。这些作品通过诙谐幽默的语言和表演方式，向观众传达创作者的思想情感。

（4）舞蹈作品。舞蹈作品是通过连续的姿势、动作和表情变化来表达一定的情感和思想的作品类型。它们通过舞者的身体语言和舞台表演，展示了创作者独特的舞蹈编排和艺术构思。

（5）杂技艺术作品。杂技艺术作品包括杂技、马戏、魔术等，一般通过形体动作和娴熟的技巧演绎呈现出来。这些作品以高度的技巧性和视觉效果，向观众展示了创作者的艺术创新和表演才华。

以上作品类型都以独特的艺术表达形式得到了《著作权法》的保护。

《著作权法》确保创作者能获得对这些艺术作品的独占使用权和经济利益，同时促进了文化艺术的创作和发展。这些作品通过表演、演唱、演奏等方式向观众传递了美的享受和文化价值，丰富了人们的生活和文化体验。

4. 美术、建筑作品

美术作品和建筑作品都是《著作权法》保护的重要作品类型，它们以不同的形式表达着创作者的审美意义和艺术创造力。

（1）美术作品。美术作品指的是以色彩、线条或其他方式构成的具有审美意义的平面或立体的造型艺术作品。它包括绘画、雕塑、书法等不同形式的作品。绘画作品通过画笔、颜料等媒介表达创作者的艺术创作和表现力；雕塑作品则通过塑造、雕刻等方式塑造物体形态和空间感；书法作品则以特定的笔法和字体书写文字，表达艺术美感和文字艺术。

（2）建筑作品。建筑作品主要指以建筑物或构筑物形式呈现的具有审美意义的作品。它包括建筑设计、建筑构造、空间布局和景观设计等方面的创作。建筑作品既包括建筑师所设计的建筑物，也包括建筑设计图纸、模型和相关艺术创作。建筑作品通过其建筑结构、形式、功能和空间感等方面的表达，体现了创作者的建筑艺术和设计思想。

美术作品和建筑作品作为创作者的智力成果，享有《著作权法》所规定的权利保护。《著作权法》确保创作者能获得对这些作品的独占使用权和经济利益。它们通过艺术表达和设计创新，为观众和社会带来了美的享受、文化体验和实际功能。同时，著作权的保护也鼓励了创作者进行更多的美术和建筑创作，促进了艺术和建筑领域的发展和繁荣。

5. 摄影作品

摄影作品是《著作权法》保护的一种重要作品类型，它们是通过摄影器械在感光材料或其他介质上记录客观物体形象的艺术作品。

借助摄影器械（如相机、摄像机等）捕捉和记录客观世界的图像，并将其呈现在感光材料（如胶片）或其他介质上，就是摄影。摄影作品以其独特的视角、构图、光影和色彩表达创作者的创意、观点和情感。

摄影作品的艺术性在于创作者通过摄影技巧和艺术构思，选择拍摄的对象、角度、光线等要素，从而创造出具有审美意义和艺术价值的影像作品。

摄影作品包括各种主题和风格，如风景摄影、人物摄影、纪实摄影、艺术摄影等。它们可以在印刷品、展览、网络平台等多种媒介上展示和传播。《著作权法》保护摄影作品的创作和使用权益，确保摄影师能获得对其作品的独占使用权和经济利益。摄影作品的保护也鼓励了摄影师进行创作和创新，推动了摄影艺术的发展。

需要注意的是，《著作权法》对摄影作品的保护并不涉及所摄对象的肖像权等其他权益。摄影师在拍摄时需遵守法律和道德规范，尊重他人的权益，并在必要时获得相关的授权或许可。

6. 视听作品

视听作品是《著作权法》保护的一种作品类型。在2020年《著作权法》修正前，该类别被定义为“电影作品和以类似摄制电影的方法创作的作品”。这些作品由一系列有伴音或者无伴音的画面组成，并且借助适当装置放映或以其他方式传播。修法后，视听作品的定义不再受制于创作手法，而更注重创作结果所呈现的形态。视听作品可以以多种形式存在，包括但不限于电影、电视剧、纪录片、动画片、音乐视频、网络视频等。它们以图像和声音的结合方式，通过视觉和听觉的呈现，传递创作者的创意、故事和情感。

视听作品的创作涉及多个创作要素，如剧本、导演、演员、摄影师、音乐创作、剪辑等。这些创作要素共同创作出富有艺术性和娱乐性的作品，为观众带来视听上的享受。《著作权法》保护视听作品的创作和使用权益，确保创作者能获得对其作品的独占使用权和经济利益。视听作品的保护鼓励了创作者进行创作和创新，同时促进了电影、电视和音乐等相关产业的发展。然而，视听作品的制作和传播可能涉及多个权益方的利益，如导演、制片方、音乐人等。在制作和使用视听作品时，需要遵守相关法律规定，尊重各方的权益，并在必要时获得相应的授权或许可。

7. 工程设计图、产品设计图、地图、示意图等图形作品和模型作品

（1）图形作品。图形作品包括工程设计图、产品设计图、地图、示意图等。工程设计图和产品设计图是为施工、生产等而绘制的图形作品，主要用于指导实际操作和生产制造。地图和示意图则反映地理现象、说明事物原理或结构，用于传达信息和展示概念。这些图形作品通过线条、符号、图形和文字等表达方式，展示了创作者的设计和构思。

（2）模型作品。模型作品是根据物体的形状和结构，按照一定比例制成的立体作品。模型作品可以用于展示、试验、观测等。它们可以是实物模型，也可以是通过数字建模和3D打印等技术制作的虚拟模型。模型作品通过立体的形态和细节的表现，展示了创作者对物体形状、结构和比例的创造性表达。

图形作品和模型作品作为创作者的智力成果，享有《著作权法》所规定的权利保护。创作者对这些作品的独占使用权和经济利益受到法律的保护。这种保护鼓励了创作者进行创作和创新，推动了工程设计、产品设计、地理信息等领域的发展和进步。

8. 计算机软件

计算机软件是《著作权法》保护的一类特殊作品。它主要包括计算机程序及相关文档，具有一定的特殊性和创作性。

计算机软件是由一系列指令和数据组成，用于控制计算机执行特定任务的程序。它可以包括应用软件、系统软件、嵌入式软件等不同类型的程序。计算机软件的编写涉及程序设计、算法实现和逻辑表达等多个方面，需要创作者进行创新。除了计算机程序本身，相关文档也属于计算机软件的一部分，包括软件说明书、用户手册、技术文档等。这些文档是用来解释和指导软件的开发和使用的，对软件的理解和推广起到重要作用。

计算机软件作为著作权保护的对象，享有《著作权法》所规定的权利保护。软件开发者作为著作权的权利人，拥有对软件的复制、发行等权利。计算机软件的特殊性在于它的表达方式是以机器可执行的代码形

式存在的，而且通常以二进制形式或者源代码形式存在。在软件开发过程中，源代码的编写往往是创作者对软件进行创新设计的重要环节。源代码可以被编译成可执行的程序，也可以被修改和扩展，以满足不同的需求。

为了保护计算机软件的权益，有些国家还设立了特殊的法律措施，如软件著作权登记和专利保护等。这些措施有助于确保软件开发者的权益和市场竞争的公平性。

9. 符合作品特征的其他智力成果

根据新修正的《著作权法》，除了前面列举的具体作品类型，还存在一些其他智力成果符合作品特征，并可以得到相应保护的情况。这些作品可能是一些新形式的作品，是立法者在制定《著作权法》时未能预见到的。2020 年修正的《著作权法》对此进行了一定调整，更改了原来的表述，使得无法归入前述分类的作品能够得到适当的保护。具体而言，修正后的法律更有利于发挥兜底条款的作用，为那些符合作品特征但未被明确列举的智力成果提供了相应的保护。

该条款的存在是为了适应社会和科技不断发展的形势，保护创作者的创作成果，确保他们在法律框架内享有合法的权益。它具有灵活性和包容性，以应对不断涌现的新的智力成果和作品形式。符合作品特征的其他智力成果可能包括新兴的数字媒体作品、虚拟现实作品、人工智能创作、网络创意作品等。而这些作品可能以新的形式、媒介或技术进行创作和表达，对于此类作品的保护，需要根据实际情况和法律规定来进行评估。

《著作权法》的修正使得那些无法归入传统分类的作品也能够得到相应的保护。这有助于保护和鼓励创作者进行创作和创新，推动文化和科技的进步。同时，这也要求法律制度与社会变革保持同步，不断适应和回应新兴作品形式的出现。

第二节　著作权的权利主体法律保护问题

一、法人作品著作权归属问题研究

《著作权法》第十一条第三款规定："由法人或者非法人组织主持，代表法人或者非法人组织意志创作，并由法人或者非法人组织承担责任的作品，法人或者非法人组织视为作者。"从这一规定可以看出，著作权归属于作者，如果法人或者非法人组织被视为作者，那么作品的著作权由法人或非法人组织享有，而从作品创作的角度出发，独立创作作品的自然人为作者，享有作品的著作权。在这里，就需要明确以下三点：①法人或者其他非法人组织被视为作者是否合理；②根据以上描述，从法人作品构成条件这一角度，不难看出，法人作品与特殊职务作品概念相近，二者容易造成概念混淆，最终对权利归属的判断造成影响；③委托作品与因委托关系产生的法人作品具有相似的创作基础，但权利归属上完全不同，对著作权归属的判断存在一定影响。

《著作权法》中不仅有法人作品著作权的相关规定，还有职务作品、委托作品著作权保护的相关规定，从这一点来看，"法人或者非法人组织视为作者"的法人作品这一概念存在的原因是什么、可解决的法律纠纷有哪些以及是否有存在的必要还存有一定争议。

综上所述，法人作品著作权归属问题主要有如图 3-2 所示的内容。

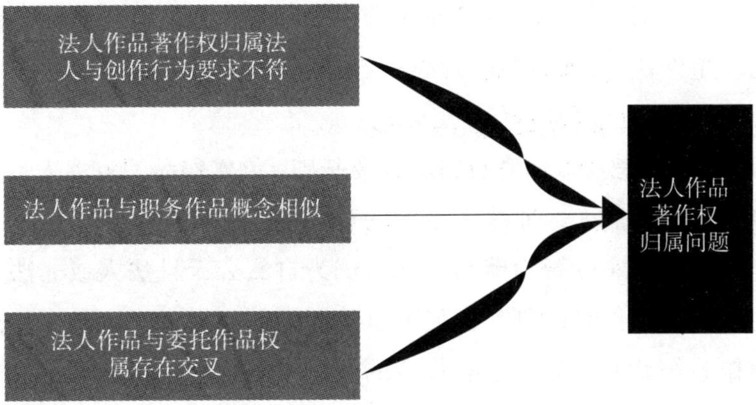

图 3-2　法人作品著作权归属问题

（一）法人作品著作权归属法人与创作行为要求不符

作者往往指独立创作作品的自然人，新修正的《著作权法》认为，著作权人包括作者或其他依照本法享有著作权的自然人、法人或者非法人组织。在著作权立法过程中，对非作者以外的主体作为享有著作权的作者是否恰当这一问题，一直存在着两种不同的观点。一种观点认为，创作属于自然人心理活动的过程，是创作者思想和情感表达的过程，是基于创作者的人脑这一生理条件而产生的行为和结果。由于创作只能由创作者来完成，所以作品的著作权只能归创作者所有，而创作者以外的人可以通过合同约定、许可与创作者建立著作权转让、赠送等约定，从而获得作品的著作权。部分西方国家如德国、法国等持此种观点。另一种观点认为，作者原则上应为自然人，但在特定情况下，自然人以外的主体也可以成为作者或被视为作者。包括我国在内的一些国家持此种观点。

首先，从法人作品的概念来看，法人作品需要立足以下三个条件：①由法人或者非法人组织主持或投资；②代表法人或者非法人组织的意志；③由法人或者非法人组织承担责任。从这三个条件可以看出，法人或非法人组织作为作者并不代表其要完成作品的构思创作与生产传播活动，但需要负责主持工作或者相关的组织工作，为实际创作活动提供相应的物质条件，同时承担作者这一身份需要肩负的各项社会责任，与实际意义的创作事实行为具有一定区别。

其次，创作是获取作者资格的重要基础，创作作品的自然人是作者，如果自然人依据法人或非法人组织的意志进行和完成创作，虽然法人作品创作和生产的实际智力劳动实施者仍为自然人，且法人或非法人组织不参与自然人对作品的创作，仅为自然人的创作提供一定的支持，但其却能够作为作品的作者，享有作者的著作权。从一定角度上看，法人作品与委托作品、雇主作品的概念相似。在著作权归属上，法人作品、雇主作品、委托作品都要求创作作品的自然人遵循法人、雇主、委托方的意志进行创作，因此著作权归属于法人、雇主、委托方，且创作作品的自然人除合同约定的酬劳外不享受其作品带来的任何收益，但这是否与保护创作者智力劳动成果的初衷存在一定差距还有待商榷。

最后，无论是上述两种观点中的哪一方，都一致认可自然人与雇主或法人之间只有在工作规章的规定下或合同约定的情况下，“作者”才以法律规定的形式明确为雇主或法人，而非实际付诸智力劳动发生创作事实行为的自然人。在当事双方的合同或协议或劳动规章没有做出特别约定的情况下，自然人依照雇主或法人的意志创作的作品会被视为雇主或法人的作品，由雇主或法人享有该作品的著作权，并按劳动规定或合同协议等支付自然人相应的报酬。

此外，两种观点都默认，不是所有的雇主作品、法人作品的作者都只能为雇主或法人，这种非“一刀切”的认定方式也从一定角度上体现了法律对作品创作者合法权益的尊重。创作者可以结合自己需要选择与雇主或法人签订合同将自己视为该作品的作者，也可以自主选择放弃这一权利不做任何约定，还可以选择不与他人签订任何约定协议，完全享受自己作品的著作权。

（二）法人作品与职务作品概念相似

《著作权法》第十一条第三款规定："由法人或者非法人组织主持，代表法人或者非法人组织意志创作，并由法人或者非法人组织承担责任的作品，法人或者非法人组织视为作者。"第十八条第一款规定："自然人为完成法人或者非法人组织工作任务所创作的作品是职务作品，除本条第二款的规定以外，著作权由作者享有，但法人或者非法人组织有权在其业务范围内优先使用。作品完成两年内，未经单位同意，作者不得许可第三人以与单位使用的相同方式使用该作品。"可见，法人作品与职务作品有共同之处：①作品系作者根据工作的要求和意志为完成工作任务所创作的；②原作者与单位存在劳动关系；③原作者主要利用法人或者非法人组织的物质技术条件实施智力创作行为，并由法人或非法人组织承担责任。

由此可以总结得知：①部分法人作品也是由法人单位职工创作完成的，说明这一部分作品也可被纳入职务作品的范畴；②无论法人作品还是职务作品，都是在单位的主持下完成创作的，这些创作都需要有单位主持，即单位首先确立创作项目，再将之以工作任务派发的形式分配给具体的工作人员进行创作；③法人作品与职务作品都需由与之签订相关合同协议的自然人完成创作，作品体现的不仅有自然人的意志，而且更多的是创作单位的意志，是为满足单位的工作要求而创作形成的；④法人作品与职务作品的一应责任都由单位承担。从这四点来看，法人作品与职务作品概念的界限并不十分清晰，因此不易区分这两类作品。

针对以上问题，《著作权法》做出了解释，该法第十八条规定："自然人为完成法人或者非法人组织工作任务所创作的作品是职务作品，除本条第二款的规定以外，著作权由作者享有，但法人或者非法人组织有权在其业务范围内优先使用。作品完成两年内，未经单位同意，作者不得许可第三人以与单位使用的相同方式使用该作品。有下列情形之一的职务作品，作者享有署名权，著作权的其他权利由法人或者非法人组织享有，法人或者非法人组织可以给予作者奖励：（一）主要是利用法人或者非法人组织的物质技术条件创作，并由法人或者非法人组织承担责任的工程设计图、产品设计图、地图、示意图、计算机软件等职务作品；（二）报社、期刊社、通讯社、广播电台、电视台的工作人员创作的职务作品；（三）法律、行政法规规定或者合同约定著作权由法人或者非法人组织享有的职务作品。”

（三）法人作品与委托作品权属存在交叉

从《著作权法》的立法情况出发，我国将法人作品的权利明确归属到法人，法人享有作品的全部权利，且被视为作者，创作作品的自然人则不享有。委托作品的权属与之相同，委托作品的权利明确归属到委托人。当然，这一权属划分方式需在委托人与受托人达成合同约定的前提下成立，如若双方无约定，则作品的著作权归属于受托人。

在实际生活工作中，法人作品的完成实质上是原作者接受法人的委托或指派，根据法人的意志进行和完成的创作，可见法人与原作者之间存在上下属或委托关系，这里的委托关系即法人或单位出于某种原因委托原作者根据其意志创作相应的作品，满足法人或单位的需求。对此，委托人——法人或法人单位可就创作作品与受托人——作者约定权利归属。由于《著作权法》中对法人作品的作者身份并没有限定是否必须为法人单位的在职员工、兼职员工或就创作一事专门招揽的临时性创作人员，如果作者属于最后一类，则从某种性质上看，法人单位与作者之间存在委托关系，按照委托作品权利归属原则，可能出现委托人为作品作者，并享有著作权的情况，而非作者本人享有。

二、网络著作权利益平衡问题

网络著作权利益平衡问题主要表现在以下三个方面，如图 3-3 所示。

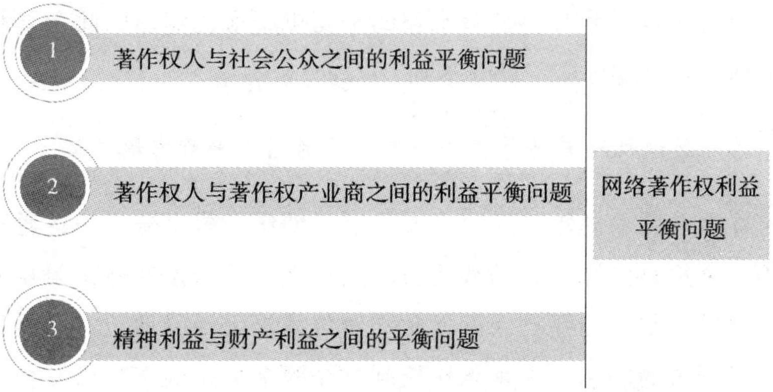

图 3-3　网络著作权利益平衡问题

（一）著作权人与社会公众之间的利益平衡问题

随着网络的广泛应用和数字技术的快速发展，各类作品的传播、使用、复制等变得十分便捷，相应的成本较之以往降低很多，侵犯著作权的行为也更频繁和隐蔽，侵犯方式多种多样，侵犯行为不易判定，且因侵权行为的频发和侵权群体数量的庞大，难以真正追究到每一个侵权人的侵权行为。

此外，现行法律中对侵权行为的处罚对大部分侵权方而言不痛不痒。在利益的诱惑下，侵权行为往往因为没有足够力度的打击而难以真正得到有效的遏制，这在很大程度上降低了著作权人掌控自己作品的能力，为作品的著作权保护提高了难度。由于网络的便捷性，社会公众通过互联网可以轻而易举地免费或以非常低的价格获取大量的信息资源，这丰富了社会公众的精神文明，充实了社会公众的精神世界，能够促进人类社会文明的发展与繁荣，是我国软文化实力提升的强大助力。然而，虽然其有利于文化艺术领域的发展，但著作权人可能会因此遭受较大程度的损失，并因此抵触将作品上传至网络，甚至抵触创作，不利于文化艺术领域的长远和可持续发展。同时，个别著作权人存在为获取较大的利益而滥用著作权、违背交易公平的行为，由此一来，社会公众分享信息资源方面本应享有的合法利益将会受到一定程度的损害，这一复杂问题急需构建著作权人和社会公众利益的平衡机制来化解，以此为著作权制度的顺利、有序施行奠定良好基础。

（二）著作权人与著作权产业商之间的利益平衡问题

随着网络技术的快速发展，人们进行创作变得十分方便，通过互联网使用、复制和传播他人的智力劳动成果也十分轻松便捷，但互联网环境中大规模复制和传播行为的发生却对传统出版商的地位、发展、盈利等造成了严重的影响，这是著作权制度在网络信息数字时代发生的重要变化。从前面著作权发展变革的历史中不难看出，出版商对于著作权保护法律的形成、著作权制度的建立与改革、出版市场的稳定与有序发展乃至人类社会文化的快速发展等具有突出贡献。

现代著作权法基于保护作者的著作权及相关合法权益的初衷制定了多种法律规则。从一定角度上看，著作权可视为著作权人对其作品的一种市场垄断控制权，著作权人或作者能通过控制其作品在市场中的大范围传播来吸引流量，从而获取经济利益。而当作品不能商业化时，其就无法具备商业价值，从而不能为著作权人或作者带来经济效益，此时，作品的传播将不再如此便捷。在难以获取经济利益和传播不便捷的双重因素影响下，作者创作的积极性将大打折扣，创作的动力也将大大降低，不利于作品交易市场的良性发展。

而著作权产品商业化后，一方面，著作权产业商的投资将推动著作权产品的传播和共享，促进著作权产品交易市场的繁荣发展；另一方面，著作权产品的传播、交易能为著作权人或作者带来一定的经济利益和名誉效应，从而进一步调动作者创作的积极性，充分激发作者的创作欲望，进而促进著作权产品的丰富，促进著作权产品市场的快速发展，促进知识产权交易市场的成熟。

另外，著作权产业商还能够打通作者与读者或观众之间交流沟通的渠道，作者与作品需求者通过此渠道各取所需，达到双方供需平衡，同时作者能够更好地了解市场需求，迎合消费者的需求，创作出更受市场欢迎、更具竞争力和商业价值的作品，达到作者、消费者及中间产业商的多方共赢。

从利益角度出发，著作权人与著作权产业商之间就作品著作权归属及利益分配等方面达成了理想的平衡，由此可知，建立科学、公正的利益平衡机制是著作权制度设计和发展变革中的又一重要内容。

（三）精神利益与财产利益之间的平衡问题

互联网的快速发展不仅便捷了人们的日常生活、工作和学习，还为人们提供了拓宽视野、增长见识、丰富见闻的好机会。人们利用互联网不仅可以聊天交友，足不出户地欣赏世界各地的美景奇观，领略不同地区的文化特色，浏览世界各地的奇趣见闻，见识丰富多彩的世界，还能利用互联网中庞大的信息数据为自己的生活工作提供支持，如通过互联网了解各领域中高精尖的技术，了解时代前沿的先进专业知识，了解世界各族历久弥新的文化与艺术，不断提高自身的文化素养和见识水平，丰富自己的精神世界。

互联网的快速发展与信息全球化带来的不全都是有利的一面。对于著作权人而言，自己的作品很容易被他人借助网络信息技术、数字技术等复制和传播，侵权活动由此变得十分轻松，作者自身著作权因此被屡屡侵犯，相关财产利益也因此受到损害，维权一事步履维艰。

站在这一角度上看，公众的精神利益与著作权人的财产利益在网络世界中很难找到一个平衡点。因此，应加强对网络环境中公众的精神利益与著作权人的财产利益的保护，深入挖掘这二者之间的平衡点，全力维持二者之间的动态平衡，为二者提供恰当的保护。

在保护双方利益的过程中，应重视保护程度的动态平衡，做到保护力度恰当不偏颇。一方面，如果给予公众的精神利益过多的保护空间，放任著作权人的著作权被肆意侵权，将会大大打击作者的创作激情和热情，影响各类作品的创作，从而影响文化的繁荣发展；另一方面，如果对著作权人的著作权给予过多保护，对于作品在网络世界中的使用、复制、传播进行十分严格的控制和监管，虽能在一定程度上保障著作权人的财产利益，但从一定角度上看，这种保护形式不利于文化的传播，对丰富和发展社会公众的精神世界文明难以起到实质作用，甚至可能会对进入公共领域的作品数量及质量造成影响，从而影响社会的进步和发展。

对此，笔者认为，首先，我国政府应出台相关著作权保护政策，搭配著作权保护相关法律，全方位加大对互联网环境下作品著作权的保护力度，为著作权人的合法权益提供更多维度、更全面、更立体的保护；其次，政府有关部门应与网络平台、技术机构共同研制开发著作权产品侵权保护技术，同时联合出版方、网络平台、著作权人、网友共同维护网络创作环境，打造绿色、健康、可靠的网络创作环境，净化网络作品交易市场，促进网络环境文化艺术蓬勃发展；最后，我国应进一步补充和完善《著作权法》，借助法律制度构建社会公共的精神利益与著作权人的财产利益的平衡机制，把握和维持社会公共的精神利益与著作权人的财产利益在网络世界中的平衡，促进文化繁荣，推动社会进步和发展。

第三节　著作权的权利客体法律保护问题

一、民间文学艺术作品著作权的法律保护问题

（一）民间文学艺术作品概述

民间文学艺术作品是人民真实、质朴情感的一种表达。在人类文明的历史长河中，积淀着大量优秀瑰丽的民间文学艺术，每种民间文学艺术都是人类文明的一种体现，是人民生产、生活文化的象征，更是每个民族文化生活的真实写照。随着国际对各民族文化重视程度的日益加深，民间文学艺术作品的相关法律也在不断完善，各界人士都对民间文学艺术作品的价值与法律保护的重要性表示了认可和支持。

1.《伯尔尼公约》中的民间文学艺术作品

最早对民间文学艺术作品提出保护的文件是 1967 年的《伯尔尼公约》，当时，《伯尔尼公约》将民间文学艺术作品称为“匿名作品”，认为民间文学艺术作品的作者身份不明，公约可向其提供间接保护。民间文学艺术作品往往内容与种类丰富，综合性较强，因此有学者认为难以对其下定义，若是其符合“公约规定的作品作者身份不明、有充分理由证明作品为公约参加国国民的未出版作品、公约参加国有保护此作品的法律文件”这三个条件，则作品属于民间文学艺术作品。《伯尔尼公约》虽未对民间文学艺术作品进行详细定义，但作品只要符合上述三个条件，就能被断定为民间文学艺术作品，受到相关的法律保护，这在一定程度上满足了民间文学艺术作品受保护的需要。

2.《发展中国家突尼斯版权示范法》中的民间文学艺术作品

1976 年，世界知识产权组织与联合国教科文组织制定了《发展中国家突尼斯版权示范法》（以下简称《突尼斯版权示范法》），该示范法是为保护发展中国家的民间文学艺术作品而制定的，它采用了“folklore”一词来描述民间文学艺术作品，该词在词典中被译为民族传统、民间传说、民俗学，在英语语境主要指民俗，可见，《突尼斯版权示范法》将民间文学艺术作品归纳到传统习俗范畴，将之定义为由本国国民或少数民族社团在本国境内创作并世代相传的具有文学艺术特征的文学、科学、艺术作品，该定义仅限法律主体在本国范围内的作品，面对分处两国但属同一民族的文学艺术作品的持有人时，处理意见往往更具主观性。此外，该示范法还将民间文学艺术作品的范畴外延至习俗类作品和科学作品，将非物质文化遗产也列入民间文学艺术作品行列，纳入保护范畴，虽定义清晰，但划分的范围过大，一些本不应受到保护的个别领域习俗或作品也因此受到保护，对民族分布、地域因素的影响考量不足。

3.《保护民间文艺表达免遭滥用国内立法示范法》中的民间文学艺术作品

1982 年，世界知识产权组织与联合国教科文组织为鼓励各国立法保护民间文学艺术作品，制定了《保护民间文艺表达免遭滥用国内立法示范法》，该示范法以“民间文学艺术表达”替代《突尼斯版权示范法》中的“民间文学艺术作品”，将之定义为“由传统艺术遗产的特有因素构成的，由一国的某居民团体（或反映该团体的传统艺术发展的个人）所发展和保持的产品”。民间文学艺术表达包括言语表达、音乐表达、动作表达、有形表达，其范围涵盖了先前的民间文学艺术作品，还包含作品程式与民间元素。从一般理论的角度来看，《著作权法》保护的对象是表达形式，而作品是人类具有可复制性和独创性的智力成果，只有表达形式才可能具有作品的特征，由此可见，该定义相比此前更为准确。本书认为，民间文学艺术作品是一种具有较强综合性的作品集合，由某一区域或团体内的普通百姓集体创作，能够真实地反映民间生活情景，表达民间百姓的真挚情感和美好的生活愿望。

4.《著作权法》规定的民间文学艺术作品

1990 年，《著作权法》将民间文学艺术作品纳入著作权法律保护的范围，但未给出详细定义。虽然《著作权法》中对民间文学艺术作品没有确定的保护模式，但我国明确说明要以法律的形式保护民间文学艺术作品。

（二）民间文学艺术作品的保护价值

1. 经济价值

民间文学艺术作品类别繁多，每一件作品都有其独特的地域文化特色或精神特色，常常能引起该地以外的人的关注，从而被用于商业。合理的商业利用能够促进该地区的经济发展，为该地区带来生机活力，但不合理的利用也有可能会对这一地区的人民造成情感等方面的伤害。

例如，《花木兰》是源于我国河南省商丘虞城县的民间故事。花木兰巾帼之姿不让须眉，替父从军，保护家园，报效祖国的故事，全国人民耳熟能详。美国影片公司以此故事为原型创作了同名动画电影《花木兰》，在全球播映并广受欢迎。无论是电影本身还是剧中“花木兰”

这一角色，甚至是我国河南省商丘虞城地区皆因此名气大增，闻名全球，河南商丘的不少商家纷纷就“花木兰”申请注册了商标与品牌，而基于民间歌谣《木兰辞》创作的网络游戏、影视作品、音乐作品等也都因此获得了可观的经济收益。

又如，基于云南地区民间音乐歌舞而创作的全国首部大型原生态歌舞集《云南映象》，集中展示了烟盒舞、象脚鼓舞等十多种最能体现我国云南地区民族民间文化特色的舞蹈，堪称“活的民族博物馆”。《云南映象》自2003年开始在全球范围内举办巡回表演，已将舞台拓展至美、日等十余个国家，创造了中国舞坛多项第一。该剧凭借粗犷、原始的风格和充满绚丽色彩的独特魅力，展现了我国云南地区浓郁的民族风情，在国内外演出市场迅速火爆，获得国内外广泛赞誉，成为色彩鲜明、特征突出的“中国名片”。《云南映象》在国内外公演多年，线下演出共计7000多场，早已成为国内外无数观众对云南的一段记忆，也成了云南的一个符号，其间，《云南映象》创造了上亿票房收入，成为中国演出市场不可复制的现象级作品，经济价值十分可观。

2. 文化价值

民间文学艺术作品是各个地区劳动人民勤劳与智慧的结晶，是其勤奋进取、积极上进、真诚质朴精神的表达，象征着其对美好生活的期许。民间文学艺术作品凝聚着各民族的文化历史、习俗信仰等，具有当地文化风俗特色，是各地区、各民族的身份标签。

首先，世界各民族的民间文学艺术作品是各地区、各民族传统文化的重要表达方式，具有本民族鲜明的文化艺术特点，正是这些作品表现出的具有多样性的文化特点，凸显着世界民族的多元性。这些各不相同的民间文学艺术作品共同展现着绚丽多彩的人类文明，展示着人类的智慧。同时，对世界各民族的民间文学艺术作品的保护，也有利于深入挖掘各地区、各民族的民间优秀传统文化，从而以正确的方式保护、传承和发扬民间优秀传统文化，以更好地延续人类绚烂文明的火种。

其次，从世界各国对本国民间文学艺术作品的重视与保护这一层面上来看，民间文学艺术作品不仅能通过其庞大的商业价值带动所在地区与国家的经济发展，还肩负着文化独立的责任，具有重要的文化价值。很多国家将民间文学艺术作品作为国家名片，通过宣传民间文学艺术作品来宣传本国国家形象。作为文明古国，我国基于精彩神秘的神话故事、民间传说、民族文化艺术等打造各种国家名片，重视我国民间文学艺术及其作品的文化价值。保护我国民间文学艺术作品，有利于充分稳固我国在世界民族之林的文化地位，也有利于在文化同质化日益明显的世界环境中保持我国民族文化的独立性。

最后，站在我国民族文化发展延伸的这一角度上看，保护民间文学艺术作品还为我国各界文学学者创造了良好的研究和创作环境。发掘我国民间文学艺术作品，一方面可以使各界学者更深入、清晰地了解我国文化历史和保护、传承民间优秀传统文化，另一方面能够为现代作品创作者提供更加丰富多元的创作素材，为现代文学艺术作品的创作注入源源不断的活力，促使我国现代文学艺术快速发展，为我国文化经济的和谐、繁荣发展提供强大动力。

（三）著作权法律保护问题

目前，虽然《著作权法》对民间文学艺术作品持明确的保护态度，但相关法律仍需进一步拓展、细化和落实，为民间文学艺术作品提供全方位、明确、具体的保护。由此一来，不仅民间文学艺术作品的著作权得到了保护，持有者的精神财产利益等各项合法权益也可以得到充分的保障。目前，我国现行著作权法律制度与民间文学艺术作品之间缺乏明确的理论支持，二者难以相互匹配，民间文学艺术作品著作权保护的主要法律问题体现在以下三个方面，如图 3-4 所示。

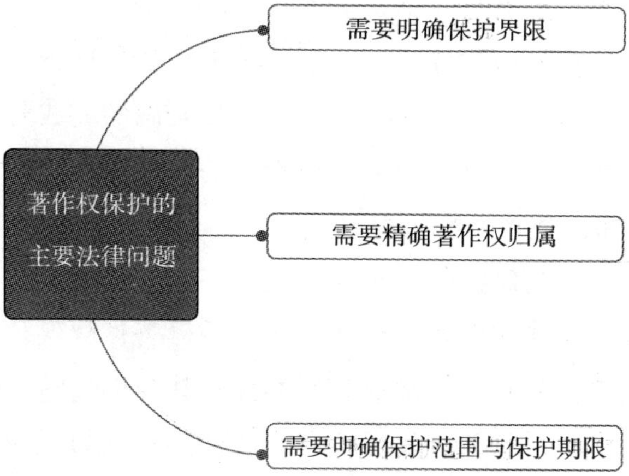

图 3-4 著作权保护的主要法律问题

首先，需要明确保护界限。民间文学艺术作品大体可划分为民间文学、民间美术、民间音乐三大范畴。不同地区的民间文学作品具有相同、相近与不同的艺术流派和风格特点，有些地区的民间文学艺术作品本就同宗同源，只是在后续发展中产生了差异，对于此种情况，《著作权法》在保护民间文学艺术作品时，应怎样处理同种民间文学艺术在发展过程中的差异，两种息息相关却又分属两个不同地区的相对独立的文学艺术表达又应以哪方为权利主体；有些地区因居民移居，将本地民间文学艺术传播到其他地区，再经发展后，与原发地有所差异，对此，《著作权法》在保护这两种民间文学艺术作品时应怎样均衡两方权利主体的利益……此类问题需著作权法律进一步明确保护界限，制定更为详细具体的著作权保护条例。

其次，需要精确著作权归属。民间文学艺术作品种类繁多，创作主体可以是个人，也可以是团体，因此民间文学艺术作品常常没有清晰明确的创作者。同时，一些民间文学艺术作品本身就体系庞大，其创作者团体更甚。由于创作者人数过于庞大，权利主体的选择和判断范围无法缩小，权利主体也不明确清晰，所以难以主张权利。因此，民间文学艺术作品的著作权人身份应更加明确。由于民间文学艺术具有地区性和团体性，其创作者在很多时候不是清晰具体的某个人，所以民间文学艺术作品著作权人的身份应怎样确定，又凭借怎样的标准或依据确定，著作权人是群体时权利与权益应怎样分配，作品明确的完成时间与文学艺术传承过程的变化对原作品和未来创作作品的影响应怎样定性等问题，需要著作权法律做出更加明晰的规定。

最后，需要明确保护范围与保护期限。在一般情况下，著作权要求作品具有独创性。独创性是作品及创作者获得著作权保护的重要前提，但民间文学艺术作品具有传承性和发展性，其独创性随着民间文学艺术的传承和发展不断进行着微妙的改变，这种以传承为目的的改变同创新带来的改变不同，它的改变微弱且缓慢，因此其独创性产生多方争议。对此，我国著作权法律应明确保护范围和标准，对民间文学艺术作品的传承予以新的定义和更细致的保护标准。

此外，《著作权法》对作品的保护期限通常设定为创作完成后对作者终身有效，并且保护期持续到作者身死后第五十年。由于民间文学艺术具有传承性和发展性，其存在时间较长，并且一直处于延续和发展状态，没有真正意义上的创作完成时间和出版时间，即便按照作品本身创作完成的时间或出版时间开始计算，五十年的保护期限对于民间文学艺术作品漫长的“生命”而言，保护力量也十分有限。由此，《民间文学艺术作品著作权保护条例（征求意见稿）》第七条表明，民间文学艺术作品的著作权的保护期不受时间限制。同时，该保护条例第六条第三款规定，以复制、发行、表演、改编或者向公众传播等方式使用民间文学艺术作品为民间文学艺术作品的著作权人享有的权利之一。那么特定民族、族群或社群中的人基于传承目的和商业目的，以传统方式使用本民族、族群或社群的民间文学艺术作品，或者对民间文学艺术作品进行改编创作所形成的作品的保护期应按照哪一规定计算，其他民族、族群或社群人民基于学习、传承和发扬目的以传统方式使用其他民族、族群或社群的民间文学艺术作品进行商业性质的创作，其作品保护期限应怎样计算……面对诸如此类民间文学艺术作品著作权保护期的相关问题，我国著作权保护相关法律仍需进一步补充和完善。

二、数字出版著作权的法律保护问题

（一）数字出版概述

数字出版是指利用数字技术进行内容编辑加工，并通过网络传播数字内容产品的一种新型出版方式。内容生产数字化、产品形态数字化、管理过程数字化、产品传播渠道网络化是数字出版的主要特征。

目前，数字出版的产品形态主要包括数字期刊、电子图书、数字音乐、网络原创文学、数字报纸、网络教育出版物、手机出版物、网络游戏、网络地图、网络动漫等。手机出版近年来发展势头迅猛，为传统出版社、传统辞书行业、传统数字出版的转型发展提供了重要契机。

数字出版物可以通过有线互联网、卫星网络、无线通信网等进行传播。数字出版具有传播快速、搜索便捷、互动性强、海量存储、环保低碳、成本低廉等特点，已成为新闻出版业的战略性新兴产业和出版业发展的主要方向。数字出版产业的发展对我国文化软实力的提高、文化产业的快速发展、出版业发展方式的转型升级以及国民经济的可持续发展具有重要意义。

随着信息技术、网络技术的快速发展，在信息化与大数据交互发力的推动作用下，数字出版的各种优点使其在当今社会环境中获得了良好的发展。目前，我国的数字出版具有种类繁多、数量庞大、即时快速的特点，从出版内容的选题策划、审核流程，到市场营销、用户反馈等各方面均与传统出版方式有较大不同，其便捷性大大提升，成本大大降低。

（二）数字出版著作权保护的意义

相较于传统纸质出版，数字出版能够将出版内容与科技更完美地结合起来，以便捷的形式呈现在人们面前，更好地满足人们在当前网络飞速发展和广泛应用的时代背景中对阅读与欣赏的多元化需求。因此，完善著作权保护机制，将数字出版完全纳入著作权保护范围，对传统出版与数字出版产业制定和执行明晰、严格的版权保护办法有重要意义，其意义具体表现在以下四个方面，如图 3-5 所示。

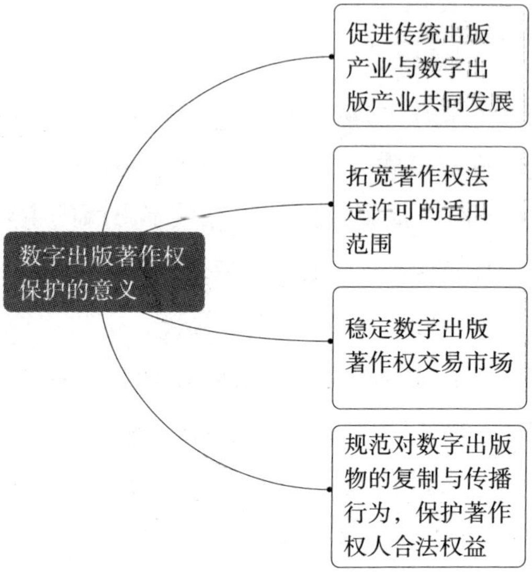

图 3-5　数字出版著作权保护的意义

第一，保护数字出版著作权有助于促进传统出版产业与数字出版产业共同发展。随着数字技术的快速发展，数字出版产业凭借其便捷性、快速性和全球化的特点迅速崛起，对传统出版产业构成了一定的挑战。数字出版产业使得传统出版产业面临更多的竞争压力，尤其是在数字内容传播和在线销售方面。保护数字出版著作权，可以规范数字出版市场秩序，打击盗版和侵权行为，减少不正当竞争，为传统出版产业提供一个公平竞争的环境，平衡数字出版与传统出版之间的关系。

第二，保护数字出版著作权有助于拓宽著作权法定许可的适用范围，缓解数字出版快速发展对著作权许可制度造成的压力。著作权法定许可是指在一定条件下，无须著作权人的许可即可使用作品的一种制度。随着数字出版的快速发展，许多新兴的使用方式和技术涌现出来，使得传统的著作权许可制度无法适应这些新情况。而保护数字出版著作权，可以将数字出版作品纳入著作权法定许可的范围，为使用者提供更多的合法使用权，促进数字出版的创新和发展。数字出版的快速发展带来了大量的数字作品，而传统的著作权许可制度可能无法满足这种快速变化带来的大规模使用的需求。保护数字出版著作权，可以为著作权许可制度提供更多的参考和依据，使其更具弹性和适应性，以应对数字出版产业的快速发展。

第三，保护数字出版著作权能稳定数字出版著作权交易市场。保护数字出版著作权能减轻数字出版与著作权交易制度二者之间的紧迫感，尤其在如今数字出版作品可交易著作权内容越来越多、作品商业价值实现可能性增大的情况下，著作权交易制度需跟随可交易内容和商业用途的变化调整改革。保护数字出版著作权有利于更好地保护数字出版作品的各种可交易权利，维持出版物交易的公正和交易市场的稳定健康发展，更全面地保护著作权人的合法权益。

第四，保护数字出版著作权有助于规范对数字出版物的复制与传播行为，保护著作权人合法利益。如今，人们利用网络技术很容易就能复制和传播数字出版物，并且符合一定条件的私人复制不属于侵犯著作权行为，但大量复制行为和传播行为并非全部发生在法律允许的合理使用范围之内，这些复制与传播行为在很大程度上对数字出版物的著作权保护造成了干扰，影响了数字出版著作权的安全，这就需要著作权法律进一步对人们复制和传播数字出版物的行为做出相关法律规定，规范人们对数字出版物的复制与传播行为，从而保护著作权人的合法权益，保护数字出版著作权的完整性。

（三）著作权法律保护问题

从一定角度上看，具备诸多优势的数字出版与传统出版条件下建立的著作权保护机制并不完全相融，这使得传统著作权保护机制的保护范畴不能完全覆盖数字出版，因此，传统著作权保护机制在衔接数字出版、保护数字出版物的合法权益时常有不足。随着数字信息技术发展的如火如荼，我国著作权保护制度不断完善，法律效力快速增强，但从多方角度上看，我国数字出版著作权的相关法律法规仍需进一步完善。数字出版著作权法律保护可以从以下三个方面逐步完善，如图 3-6 所示。

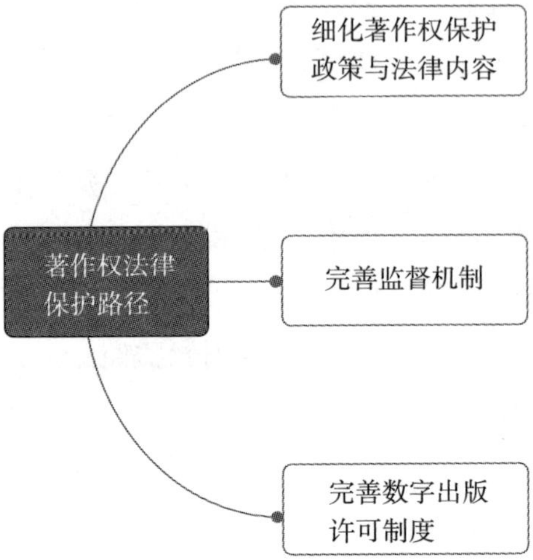

图 3-6　著作权法律保护路径

1. 细化著作权保护政策与法律内容

在各类以传统出版方式面世的出版物中，有一部分作品因各种原因并未被著作权人上传至网络，但随着网络的发达、便捷及其在人们日常生活中的广泛应用，文学作品的数字版权拥有了巨大的市场潜力，很多没有数字版本的传统出版作品因此得到了广泛关注，一部分十分优秀的传统出版作品被著作权人之外的人上传到网络世界，并被大量传播。

这种传播虽然对原作品及其著作权人而言是一种“免费的宣传”，但这种行为本身对原作品及著作权人的著作权和其他相关合法权益造成了一定程度的侵犯。为适应我国版权产业发展的需求，最新修正的《著作权法》对信息技术变革产生的新客体保护需求做出了回应，进一步完善了作品及其权利的相关规定，还为数字版权纠纷实践中存在的版权侵权成本过低、侵权现象难以得到有效遏制、维权成本过高等问题提出了建议，做出了相关规定。

法律体系的进一步完善、知识产权的开源对数字经济的健康发展具有重要影响。虽然新修正的《著作权法》扩大了版权保护的范围，对作品的定义与类型做出了与时俱进的调整，但在实际司法实践中，尤其在新修正的《著作权法》刚开始实行的过程中，传统出版产业仍在一些方面沿用着惯有的思维方式，因此只有相关政府部门提供配套实施规定，不断完善数字出版著作权保护制度，才能高效保护数字出版著作权。

2. 完善监督机制

在数字知识产权的管理方面，完善监督机制是十分重要的。建立健全的监督机制，可以有效监管数字出版行业，保护著作权人的合法权益，并促进数字出版市场的有序运行。

政府部门应制定和完善相关法律法规，明确数字出版著作权的保护范围和要求，建立相应的执法机构，并加大对数字出版市场的监管和执法力度。政府还可以推动行业自律，促使数字出版商和相关主体自觉遵守法律法规，加强内部管理和自我监督。

数字出版商作为行业的重要参与者，应积极参与监督机制的建立和运行。数字出版商应加强内部管理，建立合规机制，确保出版内容的合法性和对权益的保护，可以通过加强著作权管理、制定行业规范和自律准则等方式，推动行业的健康发展，并与著作权人、用户等共同监督和保护作品的合法权益。

著作权人作为作品的创作者和权利人，也应参与监督机制，并积极维护自己的合法权益。著作权人可以加强著作权意识，及时注册和维护自己的著作权，监测侵权行为，并通过与相关主体合作，推动对侵权行为的打击和惩处。

用户在数字出版著作权保护中也应发挥重要作用。用户作为作品的使用者，应遵守法律法规，尊重著作权人的权益，不进行盗版、侵权等违法行为。同时，用户可以通过监督机制向相关部门举报侵权行为，参与著作权保护的宣传教育活动，增强著作权保护意识。

完善监督机制是保护数字出版著作权的重要手段。相关政府部门、数字出版商、著作权人和用户多个主体的共同参与和监督，可以细化数字出版著作权保护的各个环节，维护数字出版市场的有序运行，保护著作权人的权益，推动数字出版行业的健康发展。

3. 完善数字出版许可制度

完善数字出版许可制度，首先，应明确规定准入许可的技术性保护措施，从保护性技术的技术类型、实施条件、保护范围、保护程度等方面全方位保障数字出版许可制度的顺利施行，为数字出版著作权提供有力的保护。其次，应明确合理访问和使用与非正常访问和使用之间的界限，对于设计非法侵权的技术类型，应做出有效的判定，制定具体的处理办法，保持出版产业的健康、良性、有序、可持续发展，为提高国家文化软实力，推进知识产权强国建设提供强大助力。

三、短视频著作权的法律保护问题

（一）短视频简述

1. 短视频的定义

各界对短视频的定义，可以总结概括成宏观与微观两个层面。从宏观层面上讲，短视频指发布于各网络平台，可供用户在移动或休闲时观看、消遣的短视频，通常时长在五分钟以内。短视频可以是具有一定逻辑性内容且相对独立的视频短片，也可以由一系列图片或短片按一定顺序组成。近年来，短视频活跃于快手、抖音、秒拍、微博等多个网络信息平台，短视频行业的竞争也随着短视频产业的发展日益激烈。从微观层面上讲，短视频是一种具有现代社会发展属性的交流语言。在影视行业的一些专业人士看来，原本作为影视行业专业术语的视听语言，经加工转化成大众语言的一种具备现代化社会快生活节奏特点的信息表达方式就是短视频。而其中应用的视频技术也是通过专业人员的传播和普及，借助快速发展的信息技术逐渐走进大众视野的。人们可以借助专业的摄像工具、视频编辑工具等进行短视频的拍摄、制作和分享传播，也可以利用手机轻松完成短视频的拍摄、制作、编辑、上传、分享等环节。随着网络的快速发展，短视频逐渐成为人们交流沟通、分享生活、获取信息的重要工具。

2. 短视频的特点

短视频与传统视频有很大不同，“短”是其区分于其他类型视频作品的重要特点，概括说来，其特点主要表现为以秒计算时长、制作门槛低、传播速度快、社交属性强和“网红”效应突出这五个方面，如表 3-1 所示。

表 3-1　短视频的主要特点

短视频特点	具体说明
以秒计算时长	短视频的“短”可从视频的时长方面明确看出，短视频往往剔除了大量无意义的环节，将有意义、有价值的内容浓缩在很短的时长中，因总播放时长短，其传播受流量影响很小，加之浓缩式的信息传递，使其更易于快速传播
制作门槛低	短视频的制作相对于传统视频来说十分简单。传统长视频需要经历较长时间的筹备和制作过程，而短视频的制作往往只需要个人使用移动客户端就可以完成，非常便于制作
传播速度快	短视频兴起于互联网高速发展之期，人们利用碎片时间就可以观看多个完整的短视频，获取新鲜的信息，学习零碎的知识，分享生活中的点点滴滴。短视频传播速度之快与当今社会生活节奏之快成正比
社交属性强	短视频借助互联网的强势发展，广泛传播于人与人之间，成为人们信息沟通、交友、互动、思想交流、情绪分享的重要工具
“网红”效应突出	有的人想获得关注，想从众多人中脱颖而出，而短视频正好为这类人提供了广阔的平台和可行的机会。人们可以利用短视频获取各界的关注，并借助平台的推广，加上自己的努力营销，在一众短视频创作者中获取更高的关注度，成为“网红”，收获“网红效应”带来的经济效益

3. 短视频的分类

目前，短视频的分类标准主要有两种：一是以内容表现的形式细分；二是以平台页面上的板块细分。

从内容表现形式上来看，本书将短视频分为微电影类、“鬼畜”类、教学类、口述类、电影解说类、生活记录类、配音类、用户反应类、视频汇编类、其他类，各类型短视频特点如表 3-2 所示。

表 3-2　各类短视频的特点

短视频类型	短视频特点
微电影类	此类视频大多由较为专业的 PGC 团队制作而成，一般有较为完整的剧本、具有逻辑的故事情节、身份明确的人物角色，主题明确，具有较强的专业性
“鬼畜”类	此类视频是通过截取各种类型视听作品中的画面或原作者原创视频的画面片段，以不断重复部分片段的方式进行剪辑，搭配具有强烈节奏感的背景音乐，制作而成的“魔性”“令人上头”的视频作品，具有一定的搞笑效果，常给人带来“滑稽”“荒诞”之感
教学类	此类视频是制作者将自己的知识、技术、经验录制并分享出来的成果，浓缩了创作者在生活、工作、学习中的知识，具有一定的专业性
口述类	此类视频主要包含以口头语言表达的方式完成的创作，如授课、即兴演讲、脱口秀、回忆等，创作者以口述的形式分享自己的故事和经验，表达自己的情感和思想
电影解说类	此类视频主要是对已播放的电影或电视剧进行片段剪辑，截取其中的主要故事情节，重新组合，在原作品的故事发展线的基础上，配以自己的讲解向观众进行剧情介绍和解说，使观众可以在短时间内快速了解电影或电视剧的部分剧情或整个剧情的概况，对已播出的优秀电影具有一定的推广宣传作用

续 表

短视频类型	短视频特点
生活记录类	此类视频以记录某一时刻或某一阶段的生活为主，视频内容大多为美食、生活见闻、旅行记录等
配音类	此类视频是创作者基于原视频画面，配上自己的音频形成的，其表达的意思与原视频相近或不同，在众多配音类短视频中，搞笑主题与情感主题的短视频居多
用户反应类	此类视频是将用户观看原视频时的表情动作录制下来，再将之与原视频剪辑在一起制作而成的短视频
视频汇编类	此类视频是创作者汇编、剪辑、组合多个原视频创作形成的短视频，通常富有节奏感、画面感
其他类	此类视频多为录制他人的表演和随手录制的场景、素材等

（二）短视频著作权保护的意义

随着生活节奏的不断加快，人们的思想观念越来越开放，越来越多的人喜欢分享自己的生活，表达自己的思想与情感，各类短视频及相关移动应用应运而生，并快速发展。随着短视频的火热发展，短视频著作权的权属、权利界限、著作权保护等问题逐渐引起人们的重视。保护短视频著作权，明确短视频内容的著作权保护范围、保护方式、保护类型等，明确短视频权属，明确短视频二次创作时著作权的界限以及短视频在制作、使用、传播过程中著作权的保护问题，提高广大用户在短视频领域中的法律意识与维权意识，降低维权成本，界定短视频的合理使用范围，创造积极健康的短视频创作、传播和使用环境等，有利于更好地维护短视频著作权人、原创作者的合法利益，维护短视频市场的有序和稳定发展，能有效保障短视频行业的健康、可持续发展。

（三）著作权法律保护问题

短视频著作权法律保护方面的问题主要表现在以下两个方面，如图 3-7 所示。

图 3-7　短视频著作权法律保护方面的问题

1. 迫切需要制定短视频独创性认定标准

保护短视频著作权的第一步就是要明确短视频是否属于《著作权法》所保护的内容，认定的关键在于短视频是否具有独创性，但目前我国相关法律文件都没有对这种独创性做出明确的解释或进行科学合理的定义界定。独创性的认定需要在个案审理过程中，通过司法实践逐步建立相关规则，其认定规则的建立需立足本国实际，立足社会经济发展情况，围绕创作与传播的目的，平衡创作者与公众之间的利益，审慎地运用。

从这一点上看，法官在独创性的认定方面具有很大的裁量空间。在认定涉案短视频的独创性时，不同的法院判定的标准不同，一些法院常常采用最低限度的独创性判断标准，认为只要是由作者独立创作完成的作品就具有独创性，具有独创性的短视频作品就应得到《著作权法》的保护。

还有一些法院则对短视频独创性的认定较为严格，认为应根据独创性的高低程度区分该短视频作品的类型，独创性较高的短视频属于类电作品（类电作品即以类似摄制电影的方法创作的作品，能在一定程度上体现作者的设计、安排、抉择和取舍等个性特点，集合了配乐、图像、场景布置、后期剪辑拼接以及特效制作等内容，具有较强的独创性），独创性较低的短视频则属于录像制品（录像制品只需要创作者运用简单的运镜、剪辑技能就可以完成，通常场景较为单一、内容较为简单且创作难度较低）。

不同类别的短视频的著作权法律保护效力不同，目前对于短视频类别的划分标准还需进一步完善、明晰，加之各个法院对短视频作品独创性内涵的解读角度不同，所以在短视频著作权侵权案件的审理方面，总会出现同案不同判的现象。需要指出的是，这种现象不利于司法公正，因此在短视频独创性的判断方面，我国目前迫切需要研究和制定出科学、合理的认定标准。

2. 迫切需要法律控制和制止短视频不合理搬运行为

站在各大短视频平台的角度上看，一些短视频搬运行为虽是法律不允许出现的行为，但却为短视频平台吸引了大量流量，显著增强了其在短视频市场中的竞争力，能助力其获取更多的利益。虽然短视频平台有心管理，但搬运行为却零散而众多，平台方只能依靠“抓典型”的方式，对侵权证据完整的账号予以封号处理。但这种处理方式只是饮鸩止渴，难以从根本上制止短视频搬运行为。另外，也有一些短视频创作和传播行为因无法从真正意义上被相关法律认定为侵权，所以只能任其创作和传播。短视频搬运行为对原作品及原创作者的相关权益造成了较为严重的影响，这种影响迫切需要我国通过不断完善著作权保护相关的法律法规和短视频创作、搬运、复制等行为管理政策来控制，同时需要我国相关立法管理部门及司法管理部门建立明确的短视频行为规范与侵权鉴定标准，联合平台方、用户共同建立监督机制，净化短视频平台环境，为广大用户创造健康的短视频创作环境，保障短视频平台及短视频市场的良性竞争，促进短视频行业的健康和可持续发展。

第四章　著作权的邻接权与集体管理

第一节　著作权的邻接权

一、邻接权的主要内容

在《著作权法》中，邻接权被称为“与著作权有关的权利”，主要包括表演者权、广播组织权、录音录像制作者权、版式设计者权。

（一）表演者权

表演者指的是以个人身份进行艺术表演的人，如歌手、演员等。表演者权是指表演者对其表演活动所享有的权利。这包括表演者对其表演作品的个人表现权利和经济权利，如以录音录像形式固定表演并进行复制、发行等行为时的权利。这种权利对维护艺术市场的秩序、保障表演者的创作热情、促进艺术作品的创作和流通都具有重要的作用。

首先，对于表演者的个人表现权利，无论是在表演过程中，还是在后期的录音录像制作过程中，表演者都有权控制自己的表演如何被呈现和使用。这种权利的保护对于维护表演者的人格尊严、维护艺术作品的原创性与完整性至关重要。

其次，表演者的经济权利包括对其表演作品的复制、发行、出租和公开传播等权利。这种权利的保护意味着只有获得表演者的授权，才能对其表演作品进行商业化的利用。这样，表演者就可以通过对其作品的经济利用获得合理的报酬。

（二）广播组织权

广播组织指的是进行广播活动的机构或个人，如广播电台、电视台等。广播组织权是指广播组织对其播出的广播信号所享有的权利。广播组织权包括广播组织对广播信号的传播权和经济权利，如授权他人以有线或无线方式传播广播信号的权利。

广播组织可以自主决定其广播内容的播放方式和传播范围，这能避免未经授权的第三方滥用广播信号，维护广播组织的合法权益和广播秩序。

广播组织的经济权利意味着其可以从播出的广播信号中获取经济利益。例如，通过授权他人以有线或无线方式传播广播信号来收取费用。这种权利的保护能够使广播组织从投资中获得合理的回报，从而促进广播行业的健康发展。

在现代社会，广播仍然是信息传播的重要方式。广播组织权的存在保障了广播组织的正常运作，能鼓励其投入更多资源制作高质量的广播内容，为公众提供更好的信息服务，同时有利于维护广播行业的公平竞争环境。

（三）录音录像制作者权

录音录像制作者指的是将音乐、声音或影像固定在物理载体上的人，如音乐制作人、电影制片人等。录音录像制作者权是指录音录像制作者对其制作的录音录像作品所享有的权利。这包括录音录像制作者对其作品的复制、发行、出租等权利。

复制权指的是录音录像制作者对其作品进行复制的权利，即能将其作品的副本制作出来，而无须征得任何第三方的同意。这项权利保证了录音录像制作者可以在保持作品原有形式的基础上，进行内容的广泛传播。

发行权是指录音录像制作者对其作品进行销售或其他形式的传播的

权利。录音录像制作者可以自由决定其作品的发行渠道和方式，以及是否与第三方进行合作等，并通过这些方式获取经济利益。这对于保护录音录像制作者的经济利益、维护其在市场中的竞争地位具有重要作用。

出租权是指录音录像制作者将其作品出租给他人使用的权利。例如，录音录像制作者可以将音乐或电影作品授权给电影院或音乐平台等，从中收取租赁费用。这一权利有利于录音录像制作者从其作品中获得持续的经济收益。

（四）版式设计者权

版式设计者指的是对出版物的版面设计进行创作的人，如图书、报纸、杂志等的排版设计人员。版式设计者权是指版式设计者对其版式设计所享有的权利。这包括版式设计者对其作品的复制、发行、展示等权利。

复制权是指版式设计者对其设计作品进行复制的权利。将自己的版式设计制作出副本，就可以在不改变作品原有形态的情况下，更广泛地传播设计成果。

发行权是指版式设计者对其设计作品进行销售或其他形式传播的权利。版式设计者可以自由决定设计作品的发行方式和渠道，或者是否与第三方合作等，并以这些方式获取经济收益。

展示权是指版式设计者公开展示其设计作品的权利。例如，版式设计者可以在展览会、公众活动或网上展示其设计作品。这样，就能通过展示自己的作品，引来更多公众的关注和认可。

版式设计者权为版式设计者提供了全方位的权益保护，使其能够充分利用自己的设计成果，获取公平、合理的经济收益。同时，这也鼓励了更多的人投入版式设计这一创新活动，推动了整个出版行业的发展。

二、邻接权的法理基础

（一）劳动保护理论

劳动保护理论是邻接权法理的基础之一，它强调保护那些在创作过程中付出了努力和劳动，但作品却不满足《著作权法》中的独创性要求的人。根据这一理论，即使作品不符合《著作权法》的独创性标准，创作者的努力和劳动也应该得到相应的保护和回报。

在这个理论中，特定的劳动被视为一种独特的贡献，其结果应该受到法律保护。这种努力和劳动可以包括各种形式的创作过程，如演员的表演、音像制品的制作等。虽然这些努力和劳动可能不足以构成独创性作品，但它们对于整个创作过程的贡献是不可忽视的。

根据劳动保护理论，授予创作者邻接权，可以使他们对其劳动和贡献享有一定的权益。邻接权赋予了创作者一种独家权利，使其能够对其劳动进行控制，并从其劳动中获得经济回报。这种保护和回报可以通过许可使用、收取费用或其他方式实现。

劳动保护理论的核心思想是平衡《著作权法》中的独创性要求和对创作者劳动的保护。它承认创作者在创作过程中所付出的努力和劳动，并提供了一种替代性的保护机制。这样，即使作品不符合《著作权法》的要求，创作者仍然能够享有一定程度的权益，并从其劳动中获得经济回报。

（二）投资保护理论

投资保护理论是邻接权法理的另一个基础，它强调保护那些在创作过程中进行了大量投资，但作品不符合《著作权法》中的独创性要求的人。根据这一理论，即使作品不具备独创性，创作者在投资方面所做的努力和支出也应该得到相应的保护和回报。

在投资保护理论中，投资被视为一种对创作过程的贡献，其结果应受到法律的保护。这些投资可以包括广播电台和电视台对广播时所需的设备、技术、人力资源等方面的投入，以及音像制品制作者对制作过程中所需的设备、录音棚、制作团队等方面的投入。

邻接权法根据投资保护理论赋予了创作者一定的权益，以保护他们在创作过程中所进行的投资。邻接权则为创作者提供了一种独家权利，使其能够对其投资进行控制，并从中获得经济回报。这种保护和回报可以通过授权他人使用、收取费用或其他形式实现。

投资保护理论的核心思想是平衡《著作权法》中的独创性要求和对创作者投资的保护。它承认创作者在创作过程中所进行的投资，并通过邻接权法提供了一种替代性的保护机制。因此，即使作品不符合《著作权法》的要求，创作者仍然能够享有一定程度的权益，并从其投资中获得经济回报。

（三）公平性原理

根据公平性原理，如果只有著作权人能够从作品中获得经济利益，而创作过程中的劳动者或投资者却被剥夺了其应有的权益，那就是不公平的。从公平的角度出发，那些在创作过程中付出了努力和劳动，或进行了大量投资的人，应当享有对其作品的一定的控制权和经济利益。这一原理强调了创作活动中的公平分配和公正回报的重要性。

邻接权法基于公平性原理，通过授予邻接权，使创作过程中的劳动者和投资者能够获得一定的控制权和经济利益。这种权益可以通过许可使用、合同协商、收取费用等方式实现，以确保创作过程中的劳动者和投资者能够公平地享有作品的利益。

公平性原理的核心思想是在创作过程中实现公平分配和公正回报。它看到了劳动者和投资者的重要性，承认他们在作品的创作和推广中所做出的贡献，并通过邻接权法确保了他们能够分享作品的经济回报。

（四）创新和文化发展理论

创新和文化发展理论认为，对演员表演、音像制品、广播电台和电视台等进行保护，可以鼓励创作者和文化从业者提供更高质量的服务，从而推动文化产业的发展。这一理论强调了保护邻接权对于创新和文化领域的重要性。

创新是文化产业发展的关键驱动力之一。邻接权的保护可以激励创作者和文化从业者创造出更加独特和有创意的作品。通过给予他们对其作品的一定控制权和经济回报，邻接权的保护为创作者提供了一种激励机制，使他们能够投入更多精力和资源进行创新。这种创新活动促进了新的艺术表达形式、文化产品和娱乐内容的涌现，为文化产业的多样化和繁荣发展做出了贡献。

邻接权的保护还能够推动文化产业的发展。通过给予创作者和文化从业者对其作品的一定控制权和经济利益，邻接权的保护为他们提供了一种稳定的经济基础。这可以激发他们在创作和文化生产中的积极性和创造力，吸引更多人才加入文化领域，推动文化产业的不断壮大和繁荣。

此外，邻接权的保护还能够促进文化交流和跨文化的合作。当创作者和文化从业者得到对他们作品的适当保护和获得经济回报时，他们更愿意与其他国家和地区的创作者合作，分享和交流各自的文化成果。这种跨文化的合作有助于促进文化交流和文化多样性，推动全球文化的繁荣发展。

第二节　著作权的集体管理

一、法律定义

《著作权集体管理条例》第二条规定，著作权集体管理，是指著作权集体管理组织经权利人授权，集中行使权利人的有关权利并以自己的名义进行的下列活动，如图 4-1 所示。

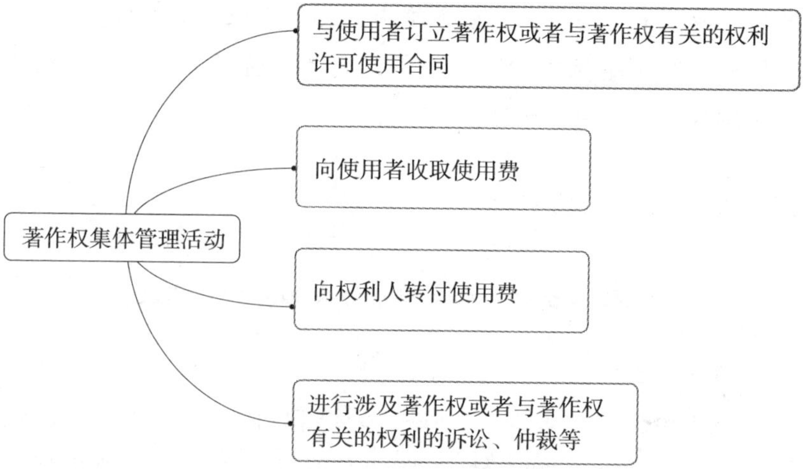

图 4-1　著作权集体管理活动

通常来讲，《著作权法》规定的表演权、放映权、广播权、出租权、信息网络传播权、复制权等权利人难以有效行使的权利可以由著作权集体管理组织进行集体管理。

二、管理组织

2004 年 12 月 28 日，国务院公布了《著作权集体管理条例》。根据该条例，依法享有著作权或者与著作权有关的权利的中国公民、法人或者其他组织，可以发起设立著作权集体管理组织。想要申请设立著作权集体管理组织，则必须到有关部门获得批准。

截至现在，我国已有中国音乐著作权协会、中国音像著作权集体管理协会、中国电影著作权协会等多个著作权集体管理组织。著作权集体管理组织的内部关系中，著作权集体管理组织会员大会是其权力机构；著作权集体管理组织的外部关系上，著作权集体管理组织既要承担基本职责（发送许可和收取许可使用费），也要维护著作权的诉讼、协定，同境外著作权集体管理组织签订协议，并接受政府和社会公众的监督。

权利人与著作权集体管理组织之间保持着一种信托关系， 根据这种关系，著作权人加入著作权集体管理组织之后，著作权集体组织即可以自己的名义从事上述活动，之后无须再得到著作权人的授权。

著作权的管理条例共计四十八条，笔者在这里不进行一一叙述，下面采用案例的方式来进行解读。

三、集体管理的相关案例

（一）著作权集体管理组织滥用市场支配定位的认定

1. 案情简介

对于原告甲公司与被告乙著作权集体管理协会滥用市场支配地位纠纷一案，法院于 2018 年 11 月 13 日立案以后，依法适用普通程序，于 2020 年 9 月 8 日公开开庭进行了审理。

2. 争议焦点

关于被告乙著作权集体管理协会的涉案行为是否构成滥用市场支配地位的垄断行为。

3. 法院观点

（1）关于经营者与相关市场的界定。集体管理组织是通过权利人进行授权，集中行使权利人的相关权利并且可以用自己的名义进行许可使用、收取使用费等相关活动的市场主体。本次案件的被告乙著作权集体管理协会是音像节目的集体管理组织，它以自身的名义提供音像节目的使用许可等服务，属于《中华人民共和国反垄断法》（以下简称《反垄断法》）所规制的经营者。

本案涉及的是KTV经营中的录音录像制品（以下简称“音像制品”）及以类似摄制电影的方法创作的作品（以下简称“类电作品”），其通常的使用方式是通过网络传播渠道传播，如在网络平台上用户点击播放；或是在实体公共商业场所使用，如KTV经营使用等。本次案件的VOD点播设备生产商所需要的服务为其设备在KTV经营场所的许可使用。

根据VOD点播设备的现实使用场景，假定需求者尚未获得某一个音像制品或是类电作品在KTV经营场所的使用许可，也无法通过获得在其他平台或途径使用的不同类型的许可来进行替代。也就是说，音像制品或是类电作品在KTV经营场所的许可与其他类型的许可无法相互替代。因此，KTV经营场所之外的音像制品或是类电作品的其他类型的许可是无法纳入该相关市场的。

故本案的相关市场应当界定为音像制品或是类电作品在KTV经营中的许可使用市场。

（2）关于被告乙著作权集体管理协会在相关市场是否具有市场支配地位的界定。根据本案确定的是音像制品或是类电作品在KTV经营中的许可使用市场，VOD点播设备生产商既可自被告乙著作权集体管理协会处经授权许可取得其管理的相关音像制品及相关类电作品的复制权及发行权，也可以从其他未纳入集体管理组织的作品或制品权利人处经授权许可取得相关权利。也就是说，音像制品或类电作品的权利人，既可以授权作为集体管理组织的被告乙著作权集体管理协会统一进行使用许可收费，也可以自行行使权利或授权他人进行使用许可收费。

在权利人自行行使权利或授权他人行使权利的情况下，该权利人、被授权人与被告乙著作权集体管理协会共同作为相关市场中复制权以及发行权使用许可服务的供给方。

被告乙著作权集体管理协会管理的音像制品和类电作品的总体数量较多，相对于上述作品的权利人而言，乙著作权集体管理协会的作品数量明显要大于上述情况中的权利人所拥有的总体作品数量。因此，相对于集体管理组织而言，上述权利人在实践中通常被称为“小权利人”。

根据法律规定的著作权集体管理组织的设立方式，相关作品的小权利人也不存在可以自主设立著作权集体管理组织的可能性。被告乙著作权集体管理协会作为根据《著作权集体管理条例》规定经国务院著作权管理部门批准成立、经国务院民政部门核准登记的社会团体法人，其相对于小权利人而言，具有著作权集体管理组织的特点。尤其是在 KTV 经营中，卡拉 OK 曲库的歌曲通常有数万首之多，VOD 点播设备生产厂商在现实生活中也难以向音像制品及类电作品的权利人逐一获得相关作品的复制权及发行权使用许可，而集体管理组织在海量作品使用许可的授权中具有明显优势。由于其获得授权管理的音像制品及类电作品具有明显的数量和规模优势，在 KTV 经营中具有很强的代表性，故法院认定其在本案确定的相关市场具有支配地位。

（3）关于被告乙著作权集体协会的涉案行为是否违反《反垄断法》第二十二条第一款第（三）项、第（五）项的规定，是否构成滥用市场支配地位的垄断行为，其是否应承担相应的法律责任的界定。

①关于《反垄断法》第二十二条第一款第（三）项的规定。《反垄断法》第二十二条第一款第（三）项规定为“没有正当理由，拒绝与交易相对人进行交易”。其中所称的“正当理由”，通常包括因不可抗力等客观因素无法进行交易、交易相对人有不良信用记录或者出现经营状况恶化等影响交易安全的情形、与交易相对人进行交易将使经营者利益发生不当减损、交易相对人明确表示或者实际不遵守公平、合理、无歧视的平台规则以及其他能够证明行为具有正当性的理由。

根据《最高人民法院关于审理因垄断行为引发的民事纠纷案件应用法律若干问题的规定》第八条第二款的规定：“被告以其行为具有正当性为由进行抗辩的，应当承担举证责任。”本次案件中，被告乙著作权集体协会有证据表明其与原告拒绝续约具有正当理由，并提交了原告网站刊载的相关新闻报道、会议发言记录、公司宣传手册等相关证据。以上证据均可证明原告在经营过程中承诺了相关音像制品与类电作品的版权问题由其自己解决，原告违反了与乙著作权集体管理协会于 2017 年所签订的许可协议第三条“乙方的权利义务”中的相关约定。此外，被告乙著作权集体管理协会还提交了原告具有不良信用记录的情况。

鉴于原告在履行双方许可协议的过程中存在违约行为，被告乙著作权集体管理协会在此基础上谨慎考虑交易相对人原告的信用记录等情况，拒绝与原告签约，属于著作权集体管理组织的经营活动，具有正当理由，没有产生阻碍或限制竞争的效果，也未对交易相对人的合法权益造成损害。同时，被告乙著作权集体管理协会未造成社会公共利益或者消费者权益的损害。最终，法院结合相关法律规定，认定被告乙著作权集体管理协会在许可协议到期后不再与原告续约，具有正当理由，未违反《反垄断法》第二十二条第一款第（三）项规定。

②关于《反垄断法》第二十二条第一款第（五）项的规定。该项规定为“没有正当理由搭售商品，或者在交易时附加其他不合理的交易条件”。在 KTV 经营过程中，KTV 经营者需获得的是类电作品的放映权或信息网络传播权使用许可，以及音像制品的信息网络传播权使用许可，VOD 点播设备生产厂商需获得的服务为音像制品及类电作品的复制权和发行权使用许可。本案双方的许可协议约定了甲公司应提示 KTV 经营者向乙著作权集体管理协会支付著作权使用费，约定了甲公司应配合乙著作权集体管理协会向其用户收取使用费，甲公司还应配合法律事务处理，包括但不限于采取下线、替换、屏蔽涉案歌曲等措施。上述约定的目的在于协助被告收取著作权使用费，引导 KTV 经营者合法经营，并未损害交易相对人原告甲公司的利益，亦未阻止潜在竞争者进入市场，没有产生阻碍或限制竞争的效果。

许可协议约定甲公司应按要求，向其提供歌曲使用情况、新歌传送、技术管控等协助，该约定的目的在于便于其协作为集体管理音像节目许可人对甲公司生产的 VOD 点播设备的相关内容予以跟进，亦未产生阻碍或限制竞争的效果。因此，对于被告违反《反垄断法》第二十二条第一款第（五）项规定的控告，缺乏依据，法院不予支持。

被告乙著作权集体管理协会在中国大陆地区音像制品及类电作品在KTV经营中的许可使用市场具有市场支配地位。原告甲公司提出的乙著作权集体管理协会实施了《反垄断法》第二十二条第一款第（三）项、第（五）项规制的垄断行为的主张，缺乏事实和法律依据，因此对于原告提出的要求——被告停止涉案垄断行为并赔偿因涉案垄断行为给原告造成的经济损失等诉讼主张，法院不予支持。

（二）如何确定委托作品的著作权归属

1. 基本案情

某外语学院学生甲、乙二人受教师丙的委托，帮助翻译《英语语法》一书。全书总共八章内容，甲翻译了前五章，乙翻译了后三章。等书稿完成翻译后，学生甲、乙将翻译书稿交给了教师丙。

该书出版后，学生甲、乙发现图书作品的署名只有教师丙，便找到教师丙询问缘由。教师丙一开始宣称该书并未出版，后来又以学生甲、乙翻译的图书作品书稿丢失为借口，搪塞学生甲、乙。学生甲、乙对教师丙的行为十分有意见，便以教师丙侵权为由，向版权局提出申诉。教师丙辩称：学生甲、乙虽然翻译了全书的八章内容，但是如果没有自己的努力，那么该书不可能出版。

版权局根据双方提供的资料进行了严格核实，根据相关法律规定，认定全书除前言为他人参与编写以外，其余都是出自学生甲、乙翻译的书稿，并且全书修改的地方也很少，此外，学生甲、乙与教师丙之间并不存在任何委托协议。

2. 案情判定

第一，该书是合作作品。学生甲翻译了前五章，学生乙翻译了后三章，根据二人共同创作图书的行为，经法律认定，二人对该书拥有著作权，有权利在该书上进行署名。教师丙虽然对该书的出版过程付出了一定劳动，但是该劳动行为并不是著作权意义上的作品创作行为，因此教师丙不能成为该书的合作作者。

第二，该书是教师丙交付给学生甲、乙完成的，从法律认定上来看，该书属于委托作品。因此，该书的著作权应当由学生甲、乙和教师丙根据委托合同予以约定。而实际情况是，在该书出版前后，学生甲、乙和教师丙之间没有对该书的著作权归属通过委托合同进行约定。《著作权法》第十九条规定："受委托创作的作品，著作权的归属由委托人和受托人通过合同约定。合同并未作明确约定或者没有订立合同的，著作权属于受托人。"根据此规定，该书的著作权属于学生甲和乙，教师丙不能成为该书的作者，不可在该书上署名。

本案中，教师丙既未参加该书的创作，也没有通过委托合同来明确该书的著作权归属，却将学生甲、乙共同翻译完成的作品作为自己的作品发表。因此，教师丙的行为侵犯了学生甲、乙的著作权，应当依法承担侵权责任。

第五章　著作权侵权的法律问题

第一节　著作权侵权概述

一、著作权侵权的基本概念

著作权侵权是指未经著作权人许可，擅自实施著作权人的专有权利控制的行为，但法律另有规定的除外，其法律依据如表 5-1 所示。

表 5-1　著作权侵权的法律依据

序号	法律条文名称	发布部门
1	《中华人民共和国著作权法》（2020 年修正）	全国人民代表大会常务委员会
2	《中华人民共和国刑法》（2020 修正）	全国人民代表大会
3	《最高人民法院关于审理著作权民事纠纷案件适用法律若干问题的解释》（2020 修正）	最高人民法院

续 表

序号	法律条文名称	发布部门
4	《最高人民法院关于审查知识产权纠纷行为保全案件适用法律若干问题的规定》	最高人民法院
5	《最高人民法院、最高人民检察院关于办理侵犯知识产权刑事案件具体应用法律若干问题的解释》《最高人民法院、最高人民检察院关于办理侵犯知识产权刑事案件具体应用法律若干问题的解释（二）》《最高人民法院、最高人民检察院关于办理侵犯知识产权刑事案件具体应用法律若干问题的解释（三）》	最高人民法院、 最高人民检察院

二、著作权侵权的主要类型

目前在网络环境下，著作权的侵权行为类型更加多样，其中主要分为三种，即直接侵权、间接侵权和违约责任与侵权责任的竞合。

（一）直接侵权

直接侵权是指侵权人在既未经原著作权人同意又没有法律明确授权的情况下，直接行使著作权人的权利，对著作权人的作品加以利用，损害著作权人的权益的行为。

确定直接侵权行为的主要标准是看这种行为是否得到了原著作权人的授权以及是否有法律明确地对该行为进行了规定。如果行为人在进行行为之前已经获得了著作权人的许可，或者行为人的行为在相关法律中有明确的依据，那么这种行为就不会被视为直接侵权。

在对其侵权进行判定时，不需要询问行为人的主观意识，即无论该行为人在实施侵权行为时是处于故意还是过失的心理状态，只要该行为人的行为造成了损害，就都会认定为直接侵权。

（二）间接侵权

间接侵权是相对于直接侵权而言的，其概念是行为人的行为并未直接对著作权人的合法权利造成实质性损害，但是这种行为在客观上与直接侵犯著作权人专有权利的行为存在一定的联系，或者有关法律基于对公共政策的考虑而将某些行为直接规定为间接侵权行为。间接侵权通常情况下有两种表现形式：一种是虽然没有直接损害权利人的权利，但该行为为直接侵权行为提供了帮助，有助于直接侵权行为的实现；另一种是虽然并未直接实施具体行为，但存在对直接侵权行为人进行引诱、教唆的情况。这两种行为都是在不直接侵犯原著作权人专有权利的情况下，对网络环境下著作权人的相关权利造成损害的情况。

（三）违约责任与侵权责任的竞合

著作权的违约行为是指行为人为了使用著作权人的作品，而与著作权人签订使用其作品的合同，行为人在使用作品时却未按合同约定使用作品，导致合同目的不能实现的行为。同时，著作权合同中的违约行为也可能不仅仅是违约问题，还会发生因为违约行为而产生侵犯著作权的问题。例如，用户先获得了著作权人的网络转载许可，然而在转载了著作权人的作品后却不支付报酬，并擅自将作品翻译成他国文字在网上进行传播等行为。这种行为一方面违反了当事人双方所签订的著作权合同，构成了对合同的违约，应当承担违约责任，另一方面侵犯了著作权人的翻译权，在违约的同时又构成了侵权，这就是著作权违约责任与侵权责任的竞合。受害人既可以依据双方签订的合同要求行为人承担违约责任，又可以根据相关法律规定要求行为人承担侵权责任。

三、著作权侵权认定

（一）著作权侵权认定标准

1. 对原告作品的分析

分析原告作品是否受到《著作权法》的保护时，有以下三个关键条件。

（1）原告作品必须属于《著作权法》保护的范围。《著作权法》保护文学、艺术和科学领域内的作品，包括但不限于文学作品、音乐作品、戏剧和舞蹈作品、美术和建筑作品、摄影作品、电影作品、计算机软件等。该作品需要在形式和内容上都与上述范围的定义相符合。

（2）原告作品必须具备独创性。这不仅意味着原创，而且要求作者在创作过程中展示出一定的创新性和创造性。继承、引用或转载的内容，如果没有足够的原创性和创造性，是不受《著作权法》保护的。即使是在现有的创作基础上进行创新，也需要有足够的创新性和创造性，以确保作品的独特性。

（3）原告作品必须能以某种有形形式复制。这意味着作品必须具有一定的物质性，可以以某种形式复制或分发。对于那些仅存在于作者思想中，未能以任何形式表现出来的作品，《著作权法》是不予保护的。

如果原告作品无法满足以上条件，那么这部作品就不受《著作权法》的保护，被告在使用该作品时就不存在侵权的问题。但如果原告作品满足了上述这些条件，那么该作品就受《著作权法》的保护，任何未经许可的使用都可能构成侵权行为。

2. 对被控侵权作品及被告使用方式的分析

在对被控侵权作品及其使用方式进行深入分析时，两个关键标准应被用作指导依据：接触和实质相似性。对于接触标准，评估的是侵权行为人是否有接触到原作品的机会，这包括但不限于公开发表、出版或通过其他方式传播。实质相似性标准则侧重比较原告作品中受《著作权法》保护的部分与被告作品的相应部分，以确定是否存在实质的相似性。

实质相似性是侵权认定的关键因素。对实质相似性的评估需要对比原告作品中受《著作权法》保护的部分与被告作品的相应部分，从整体上和细节上都需要进行深入的比较和分析。这涉及的比较对象可能包括但不限于作品的结构、情节、角色、对话、音乐、视觉元素、代码和算法等。

虽然在具体法律条文中，并没有明确规定对于侵权判定的具体规则，但“接触＋实质性相似”被认为是普遍的、有效的侵权认定准则，并在实践中被广泛应用。这一标准要求侵权行为人具备接触作品的可能性，作品之间又存在实质的相似性。只有同时满足这两个条件，才能构成侵犯著作权的行为。

侵权判定的复杂性在于，需要全面、深入地比较和分析原被告作品的各个方面，需要充分理解作品的创新性和独特性，对《著作权法》的理解和应用也需要深入细节。这是一种全面、深入、细致、专业的分析过程，需要具备深厚的专业知识和丰富的实践经验，也需要对《著作权法》有深入的理解和精准的应用。

（二）著作权侵权认定案例分析

1. 基本案情

2018 年起，被告人张某先后成立了 A 公司、B 公司，并指使王某雇用多人作为技术人员、运营人员，开发 C 网站及相关客户端。这个网站及客户端能从境外网站下载未经授权的影视作品，进行翻译、制作，并上传至相关服务器，为用户提供在线观看和下载服务。C 网站及相关客户端内未经授权的影视作品数以万计，会员数量超过几百万。

其间，被告人张某以接受“捐赠”的名义通过涉案网站及客户端收取会员费，并通过其他方式收取广告费用和销售拷贝有未授权影视作品的移动硬盘。在案发的几年里，通过上述各渠道，张某的非法经营额达到了数以百万计的人民币。被告人张某在其居住地被公安人员抓获归案，到案后如实供述了犯罪事实。

2. 法院认定

被告人张某以营利为目的，未经著作权人许可，复制、发行他人作品，属于有其他特别严重情节，其行为已构成侵犯著作权罪，依法应予惩处。

本次案件中的涉案人均属于共同犯罪，被告人张某作为主要人，法院认定其为主犯，其余涉案人员为从犯。因张某到案后坦白犯罪事实，且认罪认罚，积极缴纳部分罚金，依法从宽处理。介于其认罪认罚态度及对其社会危害程度的综合分析，法院决定对其进行从轻处理。

3. 法律分析

在此案件中，涉嫌侵权的主要行为包括未经授权的下载、翻译、制作、上传和发行他人的影视作品。这些行为涉及多个著作权的权利，如复制权、发行权、改编权、信息网络传播权等。

（1）复制权和发行权。侵犯复制权是指未经著作权人许可，复制其作品的行为。在这个案件中，张某等人下载并制作了未经授权的影视作品，这涉及了复制权。发行权是指将复制品投放至市场的权利。张某等人通过 C 网站及相关客户端向用户提供在线观看和下载服务，这涉及了发行权。

（2）改编权。改编权是指未经著作权人许可，修改其作品的权利。张某等人组织翻译人员翻译未经授权的影视作品，这涉及了改编权。

（3）信息网络传播权。信息网络传播权是指著作权人通过信息网络向公众传播其作品的权利。张某等人通过 C 网站及相关客户端向用户提供在线观看和下载服务，这涉及了信息网络传播权。

张某等人由于未经著作权人许可，侵犯了上述权利，且以营利为目的，因此被认定为侵犯著作权罪。

第二节 著作权侵权的法律责任

著作权侵权的法律责任主要涵盖了民事责任、行政责任和刑事责任三个方面。对于涉及著作权侵权的行为，其法律后果首先会体现在民事责任上，它要求侵权人停止侵权行为，消除其产生的不良影响，同时需要为其造成的损失进行赔偿，甚至可能需要进行公开道歉等，以恢复受侵权人的名誉。

但如果侵权行为在一定程度上已经损害了社会公共利益，那么除了民事责任，行政责任也会相应产生。这类责任由著作权行政管理部门来执行，其行为通常包括责令侵权人停止侵权，没收侵权人违法所得和侵权复制品，甚至会处以一定的罚款。在某些特别严重的情况下，可能还会没收用于侵权的工具和设备。

对于严重的著作权侵权行为，可能会触及刑事责任，这类责任在法律责任中属于较为严重的。刑事责任的认定和执行由国家审判机关依据刑事法律来进行，这通常会涉及自由刑或罚金刑。在中国的司法实践中，关于著作权侵权的处理，自由刑处于主导地位，罚金刑则作为附加或独立的处罚手段。

一、民事责任

《著作权法》第五十二条规定，“有下列侵权行为的，应当根据情况，承担停止侵害、消除影响、赔礼道歉、赔偿损失等民事责任：（一）未经著作权人许可，发表其作品的……（十一）其他侵犯著作权以及与著作权有关的权利的行为”。对侵权行为，《著作权法》规定了以下四种民事责任的承担方式。

（一）停止侵害

停止侵害是指责令侵权人立即停止正在实施的侵犯他人著作权的行为。侵权行为人无论主观上有无过错，都必须停止侵权，防止侵害扩大，以保护受害人的合法权益。

停止侵害是侵权法律行为的一项基本原则，其目的是防止侵权行为继续发生，以免进一步损害权利人的合法权益。这是一个独立于侵权行为人是否有过错的判断的基本原则，即使侵权行为人无过错，也有责任立即停止侵权行为。

例如，王某是一位著名的小说家，他的作品在全国范围内广受欢迎。李某是一名出版商，他发现王某的小说市场反响良好，于是未经王某许可，私自将王某的小说进行复制并销售，以获取利益。王某在发现此情况后，可以向法院提起诉讼，要求李某停止侵权。这就要求李某立即停止复制和销售王某的小说，以防止王某的权益受到进一步侵害。在这个案例中，即使李某可能对《著作权法》的规定不了解，也没有意识到他的行为构成了侵权，但这并不能免除他停止侵权的责任。

（二）消除影响

如果侵权行为给权利人造成了不良影响，那侵权人应当采取措施予以消除。具体适用原则为对等原则。著作权侵权可能对著作权人的声誉造成损害或者造成公众对作品的错误认识，侵权人应当以一定的方式，在与损害相当大小的范围内消除前述不良影响。这种责任方式可以单独适用，也可以与其他责任方式一起适用。

消除影响强调的是侵权人应当采取措施，消除侵权行为对原权利人产生的不良影响。具体措施可能包括公开道歉、更正错误信息等。

例如，钱某是一位著名的摄影师，他的一张照片在摄影界获得了广泛的赞誉。赵某是一家广告公司的负责人，他在网上发现了这张照片，未经钱某许可，就将这张照片用于广告宣传，并错误地宣称这是他们公司的设计师拍摄的。

这种行为既侵犯了钱某的著作权，也对钱某的声誉造成了负面影响。当钱某发现此事后，可以要求赵某消除影响。具体措施可能包括赵某需要在同样的公开场合，更正错误的信息，并声明这张照片是钱某的作品。这样可以纠正公众的错误认识，恢复钱某在公众中的声誉。这种消除影响的责任，不仅可以单独适用，也可以与赔偿损失等其他责任一起适用。

（三）赔礼道歉

当著作权侵权行为造成作者的著作人身权损害时，法院可以判定侵权人向著作权人赔礼道歉。但赔礼道歉的责任方式应当慎重使用，不宜滥用，否则会导致实践中经常发生无法实际履行或履行效果不好而导致新的纠纷的情况。这种责任方式可以单独适用，也可以与其他责任方式一起适用。民事法律责任意义上的赔礼道歉具有法律意义上的强制性，其与日常生活中的赔礼道歉不同。

例如，赵某是一位知名歌手，他的一首歌曲在音乐市场取得了成功。张某是一位业余歌手，他在网络上发布了自己翻唱的这首歌，并错误地声称这是他的原创作品。这种行为既侵犯了赵某的著作权，也损害了赵某的名誉和尊严。

赵某发现这个情况后，可以要求张某赔礼道歉。赔礼道歉的具体形式可能是张某需要在网络上公开发布道歉声明，承认错误，承认这首歌曲是赵某的作品。这样可以恢复赵某在公众中的声誉。

（四）赔偿损失

在著作财产权受到侵害时，赔偿损失是侵权行为人的主要责任承担方式，也是对权利的主要救济方式。依据《著作权法》第五十四条，计算赔偿金额的方式已经被明确规定。

侵权人应根据原权利人因此受到的实际损失，或者侵权人的非法所得，来计算赔偿金额。如果这些数据难以得出，那么可以依据相应权利使用费来计算赔偿。对于故意且严重侵犯著作权或者与著作权相关的权利的行为，可根据前述方法计算的数额，酌情提高至一倍以上五倍以下的赔偿。

例如，李某是一位儿童书籍作者，他的一部作品受到广泛欢迎。王某是一家出版社的负责人，他未经李某授权，就擅自出版并销售李某的作品，从而获得了巨额利润。在此情况下，李某可以要求王某赔偿其因侵权行为而遭受的实际损失。如果该实际损失或王某的非法所得难以计算，则可以参考李某作品的使用费来计算赔偿金额。而如果王某故意侵犯李某的著作权，并且情节严重，法院还可以依法判决赔偿金额在上述计算基础上适当提高。

二、行政责任

在中国的著作权体系中，对著作权侵权行为的行政处罚主体主要包括国务院著作权行政管理部门以及各省、自治区、直辖市人民政府的著作权行政管理部门。

国务院著作权行政管理部门在全国范围内负责著作权的管理工作，包括对侵犯著作权行为进行行政处罚。而各省、自治区、直辖市人民政府的著作权行政管理部门主管本行政区域的著作权管理工作，也具备对该区域内的著作权侵权行为施以行政处罚的权力。

在涉及侵权复制品的进出口的情况下，海关也是侵犯著作权的行政处罚主体。根据《著作权法》和相关规定，海关有权对违规的进出口商品进行查验、扣押，甚至采取销毁等处理方式。

虽然公安机关、工商行政管理部门以及其他行政机关的执法活动可能涉及侵犯著作权的行为，但根据《著作权法》的规定，这些机关并非著作权侵权的行政处罚主体。侵权人的行政承担方式有以下四种。

（一）没收非法所得

没收非法所得是对著作权侵权人施加的一种重要行政处罚。在这种情况下，侵权人通过侵犯他人的著作权所取得的所有利润或者经济利益都将被行政主体全额收回。这种处罚方式的主要目的是剥夺侵权人通过非法手段获取的经济利益，从而防止他们有继续侵犯著作权的经济动力。

行政机关在行使没收非法所得权时，会详细调查和计算侵权人从侵权行为中获得的所有利益，包括直接利益和间接利益，然后进行没收。这些利益可能来自侵权商品的销售所得、非法使用著作权所得的广告收入、非法所得的租赁费等。

以一个具体的案例说明：某公司未经著作权人许可，私自复制并销售了某位知名作者的作品。这些作品的销售价格远高于正版图书的价格，从而为公司带来了大量的非法利润。当这种侵权行为被相关的著作权行政管理部门发现后，该部门有权对该公司进行调查，并且对该公司的非法所得进行没收。

在这个过程中，著作权行政管理部门会详细查阅该公司的销售记录、财务报表等相关资料，准确计算出该公司从非法销售图书中获得的利润总额，然后对这部分利润进行没收。此外，如果该公司利用侵权图书进行了其他商业活动，如通过侵权图书引流而获得广告收入，也会被视为非法所得从而进行没收。通过以上的行政处罚，侵权人的非法经济利益会被有效剥夺，使其付出代价，从而起到对侵权行为的有效威慑作用。同时，这也能对其他可能存在侵权意图的主体起到警示作用，有助于保护著作权人的合法权益。

（二）没收、销毁侵权复制品

没收、销毁侵权复制品是一种广泛应用的行政处罚方式。这种处罚方式的主要目的是从根本上消除侵权行为的物质结果，并阻止侵权复制品继续在市场上流通，从而防止侵权人继续通过侵权复制品获取非法利益。

著作权行政管理部门在对侵权行为进行处罚时，首先会没收侵权人手中的所有侵权复制品。这些复制品可能包括未经授权的音像制品、电子出版物、图书、软件等。没收后，这些侵权复制品会被统一存放，并在必要时进行公示。著作权行政管理部门会对没收的侵权复制品进行销毁。销毁的方式可能有所不同，具体取决于侵权复制品的类型和数量。例如，侵权的音像制品可能会被物理破坏或者焚烧，侵权的电子出版物可能会从网络上被彻底删除。销毁过程通常会在公开和透明的情况下进行，以展示坚决打击侵权行为的态度。

以一个具体的案例来解释：某音像店未经授权，私自复制并销售了某知名歌手的音乐专辑。当这种行为被著作权行政管理部门发现后，该部门有权对该音像店进行查封，并对其所有的侵权复制品进行没收。之后，没收的侵权复制品会被集中销毁。销毁过程可能包括物理破坏或者焚烧，以彻底消除侵权复制品的存在。侵权复制品的流通被切断的同时也阻止了侵权人继续利用侵权复制品获取非法利益。这种处罚方式具有很强的震慑效果，对于维护著作权人的合法权益、保护市场的公平竞争环境具有重要意义。

（三）罚款

罚款是行政处罚中常用的一种形式，也是一种直接的经济制裁方式，其主要目的是通过对侵权人进行经济处罚，以达到对侵权行为的威慑和制止作用。罚款可以使侵权人直接感受到经济上的损失，进一步让其明白侵犯著作权的严重后果，从而避免其在未来再次进行侵权行为。

罚款的金额通常根据侵权行为的严重程度以及侵权人的经济状况等因素来决定。在实际操作中，罚款的数额应当足够大，以确保其具有足够的震慑力。同时，罚款的数额也应当在侵权人的负担范围内，以确保罚款可以被有效执行。

以一个具体的案例来说明，某网站在未经许可的情况下，大量公开传播了某知名作家的著作。著作权行政管理部门发现这种行为后可以对该网站进行罚款处罚。在确定罚款金额时，著作权行政管理部门会考虑到该网站通过侵权行为所获得的非法利益，以及该网站的经济状况等因素。因此，罚款的金额可能会很高，足以让该网站感受到经济上的压力。只有通过罚款，该网站才可能在未来避免再次进行类似的侵权行为，从而达到保护著作权的目的。

（四）没收用于制作复制品的材料、工具和设备等

没收用于制作侵权复制品的材料、工具和设备等，是行政处罚的一种有效方式。这种处罚方式的主要目的是从根本上切断侵权人继续侵权的手段，使其失去再次实施侵权行为的能力。一方面，这种方式可以直接剥夺侵权人继续进行侵权行为的可能性；另一方面，这也是为了对侵权行为进行经济惩罚，以起到警示和威慑的作用。

例如，一家公司使用特定的设备，大量非法复制某知名作者的电子书进行销售，这是一种严重侵犯著作权的行为。这种行为一旦被著作权行政管理部门发现并查处，这些用于非法复制的设备，以及可能存在的其他侵权复制材料都将被没收。此外，这家公司可能还需要承担其他形式的行政处罚，如罚款或者被要求公开道歉等。

没收侵权材料、工具和设备，不仅可以使侵权人在短期内无法再次进行侵权行为，还可以对其他可能进行类似行为的实体产生威慑效果，从而在更大范围内维护著作权人的合法权益。

三、刑事责任

刑事责任是指侵权人实施的侵犯著作权的行为触犯刑法，依照刑法规定应承担的法律后果。

（一）罪名与罪责

对于以营利为目的进行的著作权侵权行为或与著作权有关的权利侵权行为，将被归为刑事责任。根据《中华人民共和国刑法》第二百一十七条相关规定，具体侵权行为包括以下六种：未经著作权人许可，复制发行、通过信息网络向公众传播其文字作品、音乐、美术、视

听作品、计算机软件及法律、行政法规规定的其他作品；出版他人享有专有出版权的图书；未经录音录像制作者许可，复制发行、通过信息网络向公众传播其制作的录音录像；未经表演者许可，复制发行录有其表演的录音录像制品，或者通过信息网络向公众传播其表演；制作、出售假冒他人署名的美术作品；未经著作权人或者与著作权有关的权利人许可，故意避开或者破坏权利人为其作品、录音录像制品等采取的保护著作权或者与著作权有关的权利的技术措施。这些行为将被认定为侵犯著作权的罪行，侵权人需要承担刑事责任。

（二）刑事处罚

对于有严重情节的侵权行为，违法所得数额较大，或者有其他严重情节的，将处以三年以下的有期徒刑，并处罚金或者单处罚金；违法所得数额巨大，或者有其他特别严重情节的，将处以三年以上十年以下的有期徒刑，并处罚金。这些处罚反映了我国对著作权保护的严肃态度和高度重视，体现了严惩侵犯著作权行为的决心和立法精神。

例如，张某是一位知名软件开发者，他研发了一款高级图像处理软件，这款软件的著作权归张某所有。李某是一家科技公司的CEO，他未经张某许可，让公司员工复制这款软件并通过网络向公众提供下载，从而获取了高额利润。

在这种情况下，根据《中华人民共和国刑法》第二百一十七条的规定，李某涉嫌侵犯著作权罪。他未经著作权人许可，复制并通过网络传播他人的计算机软件，且以营利为目的。由于他的侵权所得数额巨大，法院可能会判处他三年以上十年以下的有期徒刑，并处罚金。这样的刑事处罚不仅能够使李某赔偿张某的经济损失，也能起到威慑其他可能的侵权行为的效果，从而更好地保护著作权人的权益。

第三节　著作权侵权的赔偿与救济

一、著作权侵权损害赔偿制度

（一）著作权侵权损害赔偿制度的功能

著作权侵权损害赔偿制度的功能是保护权利人的合法权益，遏制侵权人的侵权行为，平衡各方利益，并通过这一制度的实施激励更多的创作，推动著作权市场的健康发展。

1. 救济功能

救济功能是著作权侵权损害赔偿制度的核心功能之一。著作权作为权利人对其作品所享有的独有权利，当权利受到侵犯时，《著作权法》允许权利人通过著作权侵权损害赔偿制度来维护自己的权益。

著作权的救济功能体现在侵权行为发生后，权利人可以寻求法律保护，并要求侵权方承担相应的法律责任和赔偿义务。其包括经济赔偿、禁止侵权行为、恢复原状等措施，以恢复权利人在侵权行为发生之前的合法权益。

在侵权救济中，经济赔偿是一种常见的救济方式。根据《著作权法》的规定，侵权方需要支付给权利人相应的经济赔偿，以弥补权利人因侵权行为而遭受的经济损失。经济赔偿的计算可以根据实际损失、侵权所得、许可使用费等多种方式进行确定。

此外，著作权的侵权救济还包括禁止侵权行为和恢复原状等措施。禁止侵权行为是指通过法律手段禁止侵权方继续侵犯著作权，以保护权利人的作品不再受到进一步的侵害。恢复原状是指在可能的情况下，将侵权行为造成的损害恢复到侵权行为发生之前的状态，如撤销侵权作品的发布、销售或复制等行为，以恢复权利人的合法权益。

通过救济功能，《著作权法》为权利人提供了一种有效手段来维护自己的著作权。它使得侵权方必须承担侵权行为的法律责任，并向权利人进行合理的赔偿，以恢复权利人的合法权益。救济功能的存在和有效实施，有助于保护著作权的创作积极性和创新活力，促进文化产业的健康发展。

2. 预防功能

预防功能是著作权侵权损害赔偿制度的另一个重要功能。通过使侵权人承担侵权责任，著作权侵权损害赔偿制度起到了预防侵权行为的作用，可以减少潜在侵权行为的发生。

首先，著作权侵权损害赔偿制度对侵权人形成了一定的法律威慑作用。侵权行为可能导致侵权人面临法律责任和经济赔偿，这种法律威慑能够阻止潜在侵权人的侵权行为。人们在知道侵权行为将会受到制裁后，会更加谨慎地遵守著作权的法律规定，从而减少侵权行为的发生。

其次，著作权侵权损害赔偿制度通过保护权利人的合法权益，有助于增强人们对著作权保护的观念和意识。当侵权行为受到法律制裁并且权利人得到法律保护时，社会将形成一种尊重著作权的价值观念。这将促使人们更加注重对原创作品的保护，尊重他人的知识产权，进而减少侵权行为的发生。

通过预防功能，著作权侵权损害赔偿制度为著作权的保护提供了一种积极的手段。它通过法律的威慑作用和对人们意识的引导，降低了侵权行为发生的风险和频率。这有助于维护著作权人的合法权益，促进创作活动的繁荣和创新的发展。同时，预防功能也有助于营造一个公平竞争的市场环境，保护创作者的创作积极性和创新成果。

3. 平衡功能

平衡功能也是著作权侵权损害赔偿制度的一个重要功能。通过保护权利人的权益，著作权侵权损害赔偿制度实现了权利人、侵权人和社会公众三方利益的平衡，避免了因侵权行为的低成本特性而导致的不公平现象，确保了在使用著作权的成本和收益方面的平衡。

《著作权法》保护了著作权人的权益，确保了他们能享有对自己作品的控制权和经济利益。通过著作权侵权损害赔偿制度，著作权人可以维护自己的合法权益，获得适当的赔偿，从而保持创作的积极性和创新的动力。侵权人通过侵犯他人的著作权而获得了不当的利益，所以著作权侵权损害赔偿制度要求其承担相应的法律责任和经济赔偿。这种平衡机制旨在防止侵权人的不正当行为，保护著作权人的合法权益，同时鼓励侵权人遵守著作权法律规定，促使他们以合法的方式进行创作和创新。

著作权侵权损害赔偿制度平衡了社会公众的利益。著作权的保护不仅仅是为了保护权利人的权益，更是为了维护整个社会的利益。通过保护著作权，社会公众可以获得多样化的文化产品和知识资源，从中受益。著作权侵权损害赔偿制度的平衡功能确保了公众能够合理、合法地使用著作权作品，同时避免了滥用著作权所带来的不利影响。

总之，通过平衡功能，著作权侵权损害赔偿制度实现了权利人、侵权人和社会公众三者之间的利益平衡。它既保护了权利人的创作权益，又对侵权行为进行了限制和制裁，同时确保了社会公众的合法权益和其文化需求得到满足。这种平衡有助于推动文化产业的发展，促进知识的创新和传播，推动社会的进步与繁荣。

4. 激励功能

激励功能是著作权侵权损害赔偿制度的重要功能之一。著作权侵权损害赔偿制度通过保护权利人的权益，激励了权利人的创作活动，同时通过遏制侵权行为，促进了作品的传播，为著作权交易市场的发展奠定了基础。

激励功能主要体现在保护权利人的创作积极性和创新活力上。《著作权法》赋予了权利人对其作品的独占权，使得权利人能够从创作中获得经济利益和声誉回报。通过著作权侵权损害赔偿制度，权利人可以维护自己的合法权益，获得合理的经济赔偿，这种赔偿可以激励权利人进行更多的创作和创新活动。

激励功能还表现在促进作品的传播和交易市场的发展上。《著作权法》

的存在和有效实施，为著作权的交易和使用提供了一定的保障和可靠性。侵权行为的制裁和赔偿制定，使侵权人必须承担相应的责任，降低了侵权行为发生的风险，为著作权的交易和传播提供了更加稳定和有序的环境。这有助于促进著作权交易市场的繁荣发展，激发著作权产业的活力和创新。

通过激励功能，著作权侵权损害赔偿制度在保护权利人的创作积极性和创新活力的同时，也促进了作品的传播和著作权交易市场的发展。权利人因为有法律保护而更加积极地投入创作，而侵权行为的制裁和赔偿则减少了侵权行为的发生，为作品的广泛传播提供了有力的支持。这种激励机制推动了文化产业的繁荣和发展，为社会创造了更多的文化价值和经济效益。

（二）著作权侵权损害赔偿的基本原则

著作权侵权损害赔偿制度的基本原则是其核心价值的体现，为制度的构建和适用提供了基础和方向。

1. 填平原则

在我国现行的《著作权法》中，填平原则是侵权损害赔偿制度的主要原则。这个原则的核心思想是通过赔偿，使权利人的损失得以弥补，甚至恢复到侵权行为发生之前的状态。这是损害赔偿制度的基本目标，被视为全球各国损害赔偿法律的普遍原则。

在民法的框架内，所有主体的法律地位平等，这意味着民事损害赔偿的目标应是将权利状态恢复到原来的状态，而不是进行惩罚性的赔偿。因此，填平原则强调的是赔偿性质而非惩罚性质。这个原则是公平和正义在损害赔偿制度中的具体实现。

著作权作为一种民事权利，在设计著作权侵权损害赔偿制度时，我国将填平原则作为主导原则。1990 年，由于立法技术的局限，《著作权法》并没有明确规定侵权责任的承担方式。然而，到了 2001 年的修订版，其参考了当时的司法实践情况，首次增加了损害赔偿的相关规定。其中，按照权利人的实际损失进行赔偿被确定为损害赔偿的首选方式，这实际上在法律中明确了填平原则作为我国著作权侵权损害赔偿的基本原则的地位。

2. 法定赔偿原则

基于对我国著作权侵权损害赔偿制度实践的研究，部分学者提出了法定赔偿原则，以丰富我国著作权侵权损害赔偿制度的原则体系。法定赔偿原则是指在确定赔偿金额时，按照法律规定的固定数额或者范围进行赔偿，而不仅仅依据实际损失的计算。法定赔偿原则在著作权侵权损害赔偿制度中有着重要地位，它应用在当权利人的损失和侵权人的利益难以准确确定的情况下。著作权的对象价值不易明确，并且由于其可复制和可传播的特性，侵权行为变得更加便捷，这导致损害事实更难以明确。在这种情况下，填平原则可能无法得到完全实现，法定赔偿原则便成为填平原则的有效补充，保证了损害赔偿制度的正常运作。

具体来看，2001 年，《著作权法》首次引入了法定赔偿原则，它被设定为权利人损失和侵权人利益无法明确的情况下的赔偿计算方式。为了避免在实际应用中导致裁决结果产生较大差异，立法者对法定赔偿的使用做了一定的限制，明确了其使用的顺序和赔偿金额的上限。

2020 年修订后的《著作权法》中，法定赔偿原则仍然被保留，并且鉴于我国经济发展的现状，法定赔偿的最高金额也进行了相应的调整提升。这说明我国对于法定赔偿原则的认识和应用在不断发展和完善，以适应社会的发展和变化。

3. 惩罚性赔偿原则

近年来，有学者对惩罚性赔偿原则进行了深入探讨。这个原则主要针对故意或严重过失的侵权行为，除了赔偿实际损失，还包括额外的惩罚性赔偿，以达到震慑和防止侵权行为的目的。这一原则的研究和讨论有助于进一步完善我国著作权侵权损害赔偿制度的原则体系。

惩罚性赔偿原则的基本含义是对于侵权人的赔偿额度超过权利人实际损失的界限，以实现对侵权行为的惩罚和威慑。这一原则在历史上广泛存在于各个法律系统中，因为在早期的法律发展阶段，民事法和刑事法并未明确区分，法律具有显著的惩罚主义特征。

然而，现代的惩罚性赔偿原则与古代的形式有所不同，它并不含有刑事责任的性质，也不能取代刑事责任的实施。这一原则源于英国，但在美国得到了进一步的发展和完善，并在英美法系中形成了特有的损害赔偿制度。由于惩罚性赔偿的性质突破了损害补偿的目标，因此在一开始，这一原则并未被民法国家接受。

尽管在我国，这一原则在历史上一直存在争议，但是它在《中华人民共和国消费者权益保护法》中首次获得法律地位。

在 2001 年和 2010 年对《著作权法》的修订过程中，惩罚性赔偿原则并未被引入，但随着经济和科技的快速发展，侵权的方式越来越多样化，侵权的成本不断降低，而权利保护的成本却相应增加。司法实践显示，在填平原则和法定赔偿原则的指引下，现行的著作权侵权损害赔偿制度已无法充分弥补权利人的损失，也无法对侵权人产生足够的威慑力，这导致实质性公平已无法通过现有的法律实现。因此，在 2020 版的《著作权法》中，惩罚性赔偿原则被正式纳入，并与《中华人民共和国专利法》和《中华人民共和国商标法》的侵权损害赔偿制度形成一致，从而丰富和完善了现有的著作权侵权损害赔偿制度。

（三）著作权侵权损害赔偿数额的确定方式

自 2010 年起，我国在著作权侵权赔偿金额的确定上，采用了权利人损失、侵权人获利以及法定赔偿这三种计算方式。然而，在 2020 年《著作权法》的修订过程中，为了更好地满足保护著作权的实际需求，在参考了其他国家和地区的著作权侵权赔偿制度之后，我国新增了权利使用费和惩罚性赔偿两种赔偿方式。

1. 权利人损失

权利人损失在著作权侵权损害赔偿数额的确定中占有重要地位。这种计算方式的基础是法院需要依据权利人在正常情况下应该获得的利润和侵权行为发生后侵权人实际获得的利润之间的差值来确定损害赔偿数额。

这种方式的主要优点是能直接和精确地反映出权利人的实际损失，同时能最大限度地满足损害赔偿制度的救济作用，因为它填补了因侵权行为而造成的损失空白。

在具体适用权利人损失的确定中，最高人民法院在《著作权法》的基础上，通过司法解释提出了以下两种主要方式。

（1）基于发行量的计算方式。这种方式是以权利人因侵权行为而减少的作品发行量和单位作品利润的乘积来计算损失。这种方式的优点是可以直接反映出侵权行为对权利人利润产生的具体影响，而其主要的局限性在于，它假定了每一份减少的发行量都将导致等量的利润损失，这可能在某些情况下过于简化。

（2）基于销售量的计算方式。这种方式是以侵权复制品的销售量和单位作品利润的乘积来计算损失的。这种方式的优点在于它更接近于侵权行为对权利人的实际经济损失，而其局限性在于，确定侵权复制品的销售量可能在实际操作中存在一定的困难。

权利人损失的确定方法旨在为侵权行为的损害赔偿提供一个尽可能公正和准确的评估方式，以最大限度地恢复权利人的利益和维护著作权制度的公正性和合理性。

2. 侵权人获利

侵权人获利作为著作权侵权损害赔偿数额的确定方式，是基于侵权人通过侵权行为所获得的利润进行衡量的。这种方式在知识产权领域中是独有的，主要是著作权对象的非物质性决定了这一点。因为著作权对象具有非物质性特质,其侵权行为并不以占有为前提,而是挤占市场空间，抢占市场份额，导致权利人的应有利润减少。理论上，在不考虑其他因素的情况下，侵权人的获利应当与权利人的损失相当。

然而，现实中权利人的损失和侵权人的获利都会受到多种因素的影响，侵权人的获利并不能直接等同于权利人的损失。然而，当权利人的损失难以确定时，侵权人的获利无疑是一个更为接近权利人的损失的衡量方式。

在《著作权法》中，对于侵权人获利的规定相对简略，法律解释中也没有对此进行明确的解释。然而，在地方的司法实践中，法院对于侵权人进行了类别的区分。

（1）对于普通的侵权人，其侵权获利通常被视为其营业利润。也就是说，法院会考虑该侵权人通过侵权行为所获得的经营利润。

（2）对于以侵权为业的侵权人，其侵权获利可以视为其销售利润。这种情况下，法院会考虑该侵权人通过销售侵权产品所获得的利润。

侵权人获利的确定方式在处理著作权侵权损害赔偿问题中的应用，尽管具有一定的复杂性，但是有助于实现公正的赔偿，并最大限度地恢复权利人的损失。

3. 法定赔偿

法定赔偿是一种在其他赔偿方式无法确定具体赔偿数额时的选择。法官可以在法律规定的限度内，根据案件的具体情况，自由裁定损害赔偿数额。

此种方式在著作权侵权案件中的应用具有合理性。因为与其他知识产权一样，著作权对象的非物质性导致其权利价值难以准确计算。在这种情况下，法官可以综合考虑权利人的损失、侵权人的获利、侵权人的主观过错、社会经济水平等因素，自主确定赔偿数额。这种方式既合理又公平，能够较好地平衡权利人和侵权人的利益。

在实际的司法实践中，著作权侵权案件的证据采集和提供往往具有一定的难度。运用法定赔偿方式可以有效地减轻举证责任，降低诉讼成本，加快诉讼进程。

然而，因为法定赔偿涉及法官的自由裁量权，这就需要法官具备一定的专业知识和判断能力。为防止自由裁量权的滥用，法律对法定赔偿的适用也进行了严格的限制。法官需要在这些限制的范围内，根据案件的实际情况，公正、合理地裁定损害赔偿数额。

法定赔偿作为确定著作权侵权损害赔偿数额的一种方式，能够在一定程度上解决因无法准确计算损失而无法进行赔偿的问题。此外，在保护权利人利益的同时，也可以降低诉讼的难度和成本，提高诉讼效率。但是，如何正确、合理地运用法定赔偿，还需要依赖法官的专业知识和判断能力。

4. 权利使用费

权利使用费作为损害赔偿数额的确定方式，在无法查明权利人的损失或者侵权人的获利时，具有很大的实用价值。著作权在市场中的许可使用费可以作为参考标准，用来确定赔偿数额。

知识产权同时具有私法和公法的特性。知识产权法律制度的目标是平衡权利人的利益和社会公众的利益，促使更多的智力成果涌现，以更好地实现社会整体的利益。通过授权许可，权利人可以从其知识产权中获得收益，同时可以让其智力成果得到更好的传播和应用。然而，侵权行为打破了这种平衡，使权利人无法从许可使用中获得收益。因此，以正常状态下的权利使用费作为确定损害赔偿数额的依据是合理的。

在我国的知识产权法领域，将权利使用费作为损害赔偿数额的确定方式并不是首次出现。2000 年修订的《中华人民共和国专利法》中，就首次引入了权利使用费，将其作为确定赔偿数额的一种方式。后来，2013 年修订的《中华人民共和国商标法》在损害赔偿相关规定中也增加了这种方式。

2020 年修订的《著作权法》中也首次增加了以权利使用费为确定赔偿数额的规定。这一规定在司法实践中能否发挥出立法者所期望的作用，还需要在实践中进行检验。

权利使用费作为损害赔偿数额的确定方式，其公平性和实用性得到了法律的确认，并在一定程度上化解了无法查明权利人的损失或者侵权人的获利时的困境。然而，具体如何在司法实践中正确适用这一方式，还需要进一步的实践探索和法律解释的指导。

5. 惩罚性赔偿

惩罚性赔偿在知识产权法中是一种特殊的赔偿方式，旨在对故意侵权行为进行处罚，并对潜在的侵权人进行威慑。在某些情况下，普通的损害赔偿可能不足以阻止侵权行为的发生，特别是在著作权侵权方面，由于侵权成本低、侵权行为难以发现，侵权行为可能会频繁发生。在这种情况下，通过加重赔偿，即实行惩罚性赔偿，可以提高侵权成本，从而有效遏制侵权行为。

关于惩罚性赔偿在民法领域中的适用，曾有一段时间存在争议。一方面，部分学者认为惩罚是公法的典型功能，将惩罚性赔偿引入民事领域可能导致公法和私法的边界模糊。另一方面，有学者认为，尽管惩罚性赔偿由法官裁决，但并没有赋予民事主体一方惩罚另一方的权利，双方仍然是平等的主体。近年来，随着民法思想的发展，民法学者对惩罚性赔偿公法特征逐渐认同，惩罚性赔偿在民法领域的适用逐渐被接受。

2020 年修订《著作权法》时，首次引入了惩罚性赔偿制度，这是对我国著作权损害赔偿制度的重要完善，符合时代发展的需求。然而，由于是首次引入，《著作权法》对于惩罚性赔偿的规定相对粗略，若想在司法实践中发挥作用，接下来还需要法律或司法解释进行明确和细化。惩罚性赔偿作为确定著作权侵权损害赔偿数额的一种方式，具有很大的潜力，可以有效地防止并遏制著作权侵权行为。

二、著作权侵权的救济途径

（一）自行协商

自行协商是解决著作权侵权纠纷的首要途径，其有效性和便捷性得到了广泛认可。通过自行协商，当事双方可以以一种更直接和非正式的方式解决争议，而不必经历冗长而且可能令人厌倦的法律程序。

自行协商是指侵权方和权利方通过直接对话、协商谈判或其他形式的沟通，尝试就侵权问题达成一致意见。这种协商过程具有以下优势。

首先，自行协商是一种快捷的解决途径。相较于通过法律程序解决纠纷，自行协商能够更迅速地达成解决方案。当事人可以直接交流，快速了解对方的意愿和需求，并尝试寻找共同的利益点，从而更加高效地解决问题。通过协商，当事人可以根据具体情况和利益权衡，自主制定解决方案。协商过程中可以进行多轮讨论和调整，以达到双方都能接受的结果。这种灵活性能在保护权益的同时，维护和谐的人际关系。

其次，自行协商还能够降低解决纠纷的成本。相较于诉讼等法律程序，自行协商不需要支付律师费用和其他相关费用，从而减轻了经济负担。同时，协商过程也更加简洁明了，不需要投入大量时间和精力，方便当事人快速解决争议。

然而，需要明确的是，作为解决侵权纠纷的首要途径，自行协商虽然是一种积极的、互利的解决方式，能够在尽可能短的时间内解决纠纷，并促进双方关系的良好发展，但是这并不意味着法律无效或无关。在无法通过协商解决纠纷或协商无法达成一致意见时，当事人仍可以借助法律程序来解决纠纷。

例如，张某创作了一首歌曲并拥有其著作权。李某在未经张某许可的情况下在公开场合演唱了这首歌曲。张某得知此事后，认为李某侵犯了他的著作权。在这种情况下，张某有权向法院提起诉讼并要求赔偿。然而，他也可以选择联系李某自行协商。他们可以协商达成一项协议，其中可能包括李某承认侵犯了张某的著作权，同意停止进一步的侵权行为，甚至可能包括以某种形式赔偿张某。

协商可以让张某更快地实现他的权益，也可以降低他追索权益的成本。对于李某，协商可以避免其在公开场合被诉讼，这对其声誉可能更为有利。然而，自行协商并非总能达成满意的结果。有时，双方可能在某些问题上存在分歧，无法达成一致，或者一方可能不愿意进行协商。在这种情况下，著作权拥有者可以选择向法院提起民事诉讼，通过法律途径来维护自己的权益。

（二）调解

调解在处理著作权侵权纠纷的过程中发挥着重要的作用，它为双方当事人提供了一个在第三方的协助下，以和平、合作的方式解决争端的平台。调解人可以是著作权行政管理机关、人民调解委员会、律师等双方信任的机关或个人。

调解的目的是通过双方的合作和妥协达成对于争端的解决方案，而不是通过对抗和胜负来解决问题。调解过程中，调解人应当保持中立、公正的立场，协助双方明确彼此的利益，促使他们找到互利的解决方案。调解可以根据具体情况和当事人的需求确定个性化的解决方案，从而避免法律程序的烦琐和耗时。调解过程可以通过面对面的交流和对话，帮助双方更好地理解对方的立场和意愿，从而迅速达成共识。

此外，调解还具有保密性的特点。调解过程中，双方可以自由表达自己的观点和需求，而不必担心公开曝光和信息泄露的问题。调解人会保护当事人的隐私和商业机密，并确保争端解决的过程和结果不会对当事人造成负面影响。

然而，需要注意的是，调解的基础是自愿原则。只有当双方都愿意进行调解时，调解过程才能启动。如果有一方不愿意参与调解或不配合调解，那么调解可能无法进行或无法达成有效结果。此外，调解的结果并没有法律强制力，当事人如果对调解结果不满意，仍可以选择其他解决纠纷的方式，如诉讼。

（三）仲裁

仲裁作为一种解决纠纷的机制，在著作权侵权救济的法定程序中具有重要地位。双方当事人可以基于先前达成的书面仲裁协议或著作权合同中的仲裁条款，向指定的仲裁机构申请仲裁。仲裁通常仅用来解决涉及合同的争议，这使得它在处理涉及著作权许可或转让合同的争议时特别有用。

与诉讼相比，仲裁流程通常更加简洁，因为它避免了法院的烦琐程序和排期等问题。仲裁可以在当事人协商确定的时间内进行，而且仲裁庭的裁决通常能在较短时间内做出。一旦进行裁决，双方当事人就都有义务履行。仲裁裁决可以被认可和执行，有法律强制力。仲裁庭的听证程序通常不公开，保护了当事人的商业机密和隐私权。这对于著作权侵权纠纷中涉及商业秘密或敏感信息的情况特别有用。

然而，仲裁也存在一些限制。例如，仲裁通常只限于解决合同争议，对于其他类型的纠纷可能无法适用。此外，一些纠纷可能涉及复杂的法律问题，需要法院的解释和适用法律，仲裁可能无法提供这种法律解释。

例如，王某与一家唱片公司签订了一份合同，将他的歌曲版权授权给该公司。然而，王某发现该公司使用他的歌曲超出了合同范围，认为这侵犯了他的权益。如果在他们的合同中有仲裁条款，规定任何合同争议都应提交给特定的仲裁机构，那么王某可以向该仲裁机构提出申请，以解决这个争议。

仲裁裁决具有终局性和法律效力，这意味着双方都必须接受仲裁裁决，并且不能再对同一纠纷申请仲裁或向法院提起诉讼。如果一方拒绝执行仲裁裁决，如唱片公司拒绝停止侵权行为或拒绝支付王某应得的赔偿，那王某可以向法院申请强制执行仲裁裁决。

然而，法院可能会在一些特定情况下拒绝执行仲裁裁决，如裁决违反了公序良俗。在这种情况下，双方可以选择重新进行仲裁，或者直接向法院提起诉讼。总的来说，仲裁为解决著作权侵权纠纷提供了一种专业、高效的手段，其裁决的权威性和法律效力能为当事人的权益提供有力保障。

（四）民事诉讼

在著作权侵权救济的法定程序中，民事诉讼通常被视为最终的解决手段。无论是在协商无果、调解不成或被放弃，还是在没有书面仲裁协议的情况下，抑或是在法院认为仲裁裁决不应执行的情况下，双方都有权向法院提起诉讼。民事诉讼是一种通过法院审理解决争议的程序。在著作权侵权纠纷中，民事诉讼适用于处理侵权纠纷和合同纠纷，涵盖了各种可能的争议类型。通过民事诉讼，当事人可以向法院申请保护自己的著作权，并寻求经济赔偿、禁止令等救济措施。

民事诉讼提供了一种正式的、有法律程序保障的解决途径。法院通过审理，可以确保争议得到公正的处理，保护当事人的合法权益。一旦法院做出判决，当事人就都有义务履行。法院的裁判可以强制执行，并且具有执行效力。通过民事诉讼，当事人可以寻求经济赔偿、禁止令、侵权行为的停止等多种救济措施。法院可以对侵权行为做出判决，并在必要时进行强制执行，以保护著作权人的权益。

然而，需要注意的是，民事诉讼也存在一些限制和劣势。民事诉讼通常需要投入较多的时间、精力和费用，诉讼过程也可能相对烦琐。在选择民事诉讼作为解决著作权侵权纠纷的方式时，当事人需要仔细权衡利弊，并考虑自身的资源和时间限制。另外，法院的裁判结果可能无法满足双方的全部需求。因此，诉讼可能并不总是比较理想的解决方式，双方仍应在必要时尝试其他解决途径，如协商、调解或仲裁。

为了进一步阐释民事诉讼，设想这样一种情形：赵某是一位小说家，他发现钱某在网络上未经他的授权发表了他的一部小说。在赵某向钱某提出要求下架小说时，钱某拒绝。尽管他们尝试过协商和调解，但都没有达成一致。在这种情况下，赵某可以选择直接向法院起诉，寻求侵权救济。

通过向法院提起诉讼，赵某可以寻求禁止钱某进一步侵犯他的著作权的措施，要求其删除在线发布的小说，可以要求赔偿因其侵权行为所造成的损失。法院将根据证据和法律规定，就赵某的请求进行裁决。

民事诉讼提供了一种公正且权威的解决争议的手段，其过程严谨，结果具有法律约束力，既有助于维护著作权人的权益，也有助于规范公民行为，促进社会公平正义。

第六章 著作权纠纷案例分析

第一节 文学类著作权纠纷案例

一、互联网文学类“洗稿”行为引发的纠纷案例

互联网的不断发展，不仅为文化产业带来了机遇，也给著作权制度带来了冲击。互联网文化产业的主要内容是网络文字作品，文字作品在网络中复制传播速度较快、交易成本较低、商业价值较高。由于网络的开放性和隐蔽性，利用互联网实施著作权侵权的行为越来越多，侵权方式也多种多样，其中“洗稿”行为是较为常见的侵权方式。

“洗稿”指为掩盖内容正式来源、避免著作权审查而采用多种方式对已发表的文章进行修改、编辑，形成与原文章内容、逻辑甚至表达高度重合的作品的行为。本书将对“洗稿”行为引发的纠纷案例进行分析，为解决“洗稿”引发的著作权侵权纠纷提供更为清晰的指引。

（一）案例情况

2019 年 1 月 25 日，原告谭某发表了一篇有关动漫形象维权的文章，并被多家媒体转载。2019 年 2 月 17 日，某账号在 B 网络公司经营的平台发布了一篇有关动漫形象与产品维权的文章。原告谭某认为此文章抄袭了自己的作品，是“洗稿”文章，给自身带来了经济损失，因此诉诸法院。

平台管理者 B 网络公司提供证明，被控侵权文章为被告肖某上传。

此外，B网络公司辩称被控侵权文章从表面看与原告文章并不构成侵权，且由肖某上传，与B网络公司无关，B网络公司作为平台管理者已经履行了相关义务，不应承担侵权责任。

一审法院认为，原告作品属于《著作权法》保护的客体，原告谭某享有其作品的著作权。法院对原告作品的逻辑、结构、内容进行分析后，还将其与涉案作品进行对比，认定肖某运营的平台账号发布的文章与原告文章构成实质性相似，被告肖某对原告作品以“洗稿”的形式进行了抄袭，判决被告肖某承担相应著作权侵权的民事责任。

B网络公司作为网络服务提供者，在本案件中的主体作用是提供信息储存空间服务。法院以这一前提从是否实施直接侵权行为和间接侵权行为两方面论证了B网络公司是否构成侵权。因为B网络公司并未与被告肖某分工合作提供作品，因此不构成直接侵权；B网络公司在法院送达诉讼材料后迅速移除被控侵权作品，同时未违反其他平台义务，因此不构成间接侵权。法院判定B网络公司未构成侵权，不承担民事责任。

一审判决后，原告认为被告B网络公司与被告肖某存在内容合作、利益共享的意思联络，因此也侵犯了自身著作权，应承担连带赔偿责任，故提出上诉。

二审法院根据B网络公司是否实施侵权行为以及是否应当承担著作权侵权的民事责任两方面进行了论述，认为原告提出的证据不足，无法认定B网络公司与肖某存在意思联络，二者也并未以分工合作的方式提供被控侵权作品，对原告的投诉处理符合网络文章权属审查的一般要求，因此驳回了原告的上诉请求，并维持原判。

（二）案件争议

本案件的争议焦点有两个：第一点是如何认定被控侵权作品为“洗稿”；第二点是“洗稿”行为主体及连带责任的承担。

1. “洗稿”行为的认定

在本案中，一审法院以“接触＋实质性相似”这个标准分析被诉侵权文章是否侵犯了原告的著作权。在对文章进行整体分析后，认定被告肖某以“洗稿”的方式抄袭了原告作品，而被告B网络公司则认为两个文章表面看并不构成侵权纠纷。“洗稿”行为是互联网著作权侵权的新型侵权行为，其具有复杂性和隐蔽性，判定标准也具有一定的主观性，因此侵权认定成为争议焦点之一。

“洗稿”行为的认定要符合一般著作权侵权的判断标准。本案被控侵权作品为“洗稿”，这种“洗稿”行为符合著作权侵权的一般标准，确实是一种新型著作权侵权行为，但文章“洗稿”能否构成侵权，还要从“洗稿”内容及篇幅长短、实质性等方面进行综合判断。

2.“洗稿”行为侵权主体及连带责任的承担

在二审中，原告认为B网络公司也实施了实际侵权行为，应与被告肖某共同承担责任。对于本案的另一个争议焦点——“洗稿”行为主体及连带责任的承担，一审法院从直接侵权和间接侵权两方面论证了B网络公司是否构成侵权，二审法院则从是否实施侵权行为和是否应承担著作权侵权的民事责任方面进行了再次论证。

在互联网侵权案中，权利人一般难以确定侵权人身份，此外，侵权人个体不一定具有赔偿能力，因此原告在起诉时，多将被控侵权作品所发布的网络服务平台一同告上法庭。这种诉讼策略一方面降低了权利人的举证难度，另一方面能够保障权利人的受偿利益。

网络平台（或网络服务提供者）由于技术条件等的限制，无法对所有在其平台发布的作品进行审查，此外，对平台传播的所有作品进行主动审查不仅任务量较大，而且判定难度较高，难以实现。因此，严格要求网络平台主动审查所有作品对不承担侵权责任的举例证明标准过高，不利于网络文化行业的正常运作和发展。但在司法实践中，如何确定“洗稿”行为侵权主体及确定平台是否应承担连带责任至关重要。

（三）案件分析

1.“洗稿”行为认定分析

著作权的保护与商业秘密的保护有所区别，其鼓励作品传播，因此一定程度的“借鉴”是被允许的。著作权侵权判定需要遵循著作权保护规则。对“洗稿”行为是否构成侵权行为的判断，同样应符合《著作权法》认定的侵权判断标准。

“思想表达二分法”原则、“接触＋实质性相似”原则、“合理使用”规则是判断某一作品是否受到著作权保护的重要指导。

（1）“思想表达二分法”原则与“洗稿”行为判定。“思想表达二分法”即《著作权法》只保护一定形式的表达，而不保护抽象的思想。在判断被告作品是否构成侵权时，首先应明确原告作品内容是否属于著作权领域的“表达”，在明确原告作品确实享有著作权的前提下，才能进一步分析被告作品是否侵犯原告的著作权。

在司法实践中，由于“洗稿”是对原创作品表达进行删减或语序调整等形式上的改变，实质性内容和思想则为复制、抄袭享有著作权的作品，因此即使原创作品包含部分思想范畴的内容，也不影响侵权的认定。且由于“洗稿”作品在产生过程中，思想和表达都基于原作品而产生，并未注入“洗稿”人的思想和创作意义上的劳动，因此不能以“思想表达二分法”为其辩护。如果原告作品属于《著作权法》的“思想”领域，即便被告以“洗稿”的方式重现了原告作品，也不能认定被告侵权。

在本案中，原告作品内容与动漫维权相关，原告首先提出动漫形象权属证明的重要性，而后论述动画片制作方和动漫形象版权方的权利主体，认为权利主体被混淆了并指出了混淆的原因，接下来列举了通过漫画形式呈现动漫形象的权属举证，最后文章中提出动漫形象权属举证的有效方式是提供版权登记证书。原告作品符合《著作权法》对作品的定义和构成，不仅具有独创性，而且不包含共有领域范畴的“思想”，因此属于《著作权法》保护的作品。

（2）“接触＋实质性相似”原则与“洗稿”行为判定。“接触＋实质性相似”原则是从行为与作品两方面进行分析从而认定是否侵权的。在行为方面，侵权人将“洗稿”作品公开，侵害了原告权益；在作品方面，侵权人以“洗稿”方式抄袭、剽窃了原创作品。文学作品在传播过程中能实现其经济价值，所以著作权保护的思路是通过保护作品传播的专有权利来保障权利人的经济利益。互联网的发展拓宽了文学作品的传播方式和途径，使得作品的复制和传播变得异常简单。

司法实践中，在行为方面判断“接触”一般包括两种情形：一是原告提供证据，充分证明被告存在接触到原告作品的客观事实；二是原告作品已经通过出版、上传网络等方式进行公开发表，推定被告接触。由于作品上传互联网的限制和成本较小，且任何互联网用户都可以进行浏览，因此在互联网著作权侵权纠纷中，“接触”这一要素更容易判断。此外，“洗稿”人需要将“洗稿”作品公开发表才能获取流量和利益，因此从“公开行为”方面认定侵权并不存在难度。

“实质性相似”则指对作品表达的抄袭和剽窃。“实质性相似”方面的认定具有一定的主观性。在司法实践中，法院一般通过对原告提供的“洗稿”作品与其原创作品的文字表述、结构、逻辑等方面进行对比，从而判断是否构成实质性相似。“实质性相似”判定主要有整体感官法和抽象分离法两种典型判断方法。整体感官法用于比较作品表达的取舍、设计、安排等是否相似；抽象分离法是将作品的创造要素过滤，再将特殊表达与原创作品进行比较。在“实质性相似”部分的比例方面，并未有统一或明确的可使用标准，侵权作品抄袭字数占整部作品的比例会对法院酌定赔偿金额有一定影响。

在本案中，原告谭某将其原创文章在网络上公开发表，且被多家媒体广泛转载，由此可以推定被告肖某“接触”过作品。法院通过对两篇文章的行文逻辑、结构和阐述内容进行对比，发现仅做了同义词替换和语序调整，两篇文章所表达的内容相同，因此构成实质性相似。从作品方面，被告肖某确实抄袭了谭某的作品；此外，肖某将“洗稿”作品公开发布，在行为方面侵害了原告权益，构成侵权。

（3）“合理使用”规则与侵权行为判定。为平衡著作权人与信息利用者之间的利益，《著作权法》明确了“合理使用”规则，即在某些情形下，信息利用者合理使用原告作品并不会对原告著作权构成侵权。因此，即便被控侵权作品与原告作品构成实质性相似，且相似部分属于《著作权法》所保护的“表达”，如果被告有证据证明是对原告作品的合理使用，也同样不构成侵权。

是否为“合理使用”可从使用目的、使用手段和使用效果三个方面进行判断。从使用目的来看，企图以“洗稿”作品代替原创作品来获取利益，是对原创作品的实质性替代；从使用手段来看，“洗稿”作品虽然改变了表达形式，但具体内容和行文逻辑未发生实质变化，远超过适当引用的限度；从使用效果来看，“洗稿”作品构成了取代原创作品的事实，且给原创者造成了权益损失。因此，“洗稿”行为并不适用于合理使用规则，是实质上的侵权行为。

在本案中，被告肖某以“洗稿”方式抄袭原告作品，对原告作品构成了实际上的替代，侵害了原告权益，因此不构成合理使用，是对原告的侵权。一审法院判决被告肖某承担著作权侵权民事责任既合乎法理，也合乎常规。

2.“洗稿”行为侵权主体及连带责任的承担分析

（1）“洗稿”行为侵权主体分析。“洗稿”行为侵权主体包括直接侵权主体和间接侵权主体。直接侵权主体指直接从事“洗稿”的行为人，即“洗稿”作品上署名的作者，其是需要承担侵权责任的主体；间接侵权主体主要是指网络服务提供者（或网络平台）。如果网络服务提供者与“洗稿”行为人进行分工合作，双方共同实施侵权行为，则双方都是“洗稿”行为侵权主体，承担连带责任。

随着技术的不断发展，“洗稿”方式和“洗稿”类型五花八门，如“洗稿”软件、“洗稿”集团规模化运营，但无论“洗稿”过程多么复杂，原告起诉的被告是“洗稿”作品的署名方。

在网络侵权纠纷中，互联网的虚拟性和隐蔽性使权利人无法确定直接侵权人的身份信息，不仅起诉过程较为复杂，而且取证方面也比较困难，因此权利人在提起诉讼时，通常也会起诉涉嫌侵权作品的发布平台。

网络平台作为网络服务提供者，在被诉侵权作品的传播过程中提供了服务，客观上为侵权行为提供了便利和条件。《最高人民法院关于审理侵害信息网络传播权民事纠纷案件适用法律若干问题的规定》第七条规定："网络服务提供者在提供网络服务时教唆或者帮助网络用户实施侵害信息网络传播权行为的，人民法院应当判令其承担侵权责任。""网络服务提供者明知或者应知网络用户利用网络服务侵害信息网络传播权，未采取删除、屏蔽、断开链接等必要措施，或者提供技术支持等帮助行为的，人民法院应当认定其构成帮助侵权行为。"

（2）行为主体连带责任分析。在网络著作权侵权纠纷中，由于权利人难以确认实际侵权人，且连带责任制度使权利人能够通过向网络服务提供者主张权利，减轻自身举证责任，保证自身利益，因此主张网络服务提供者承担连带侵权责任是较为常见的诉讼策略。

网络服务提供者并不是直接侵权人。为实现著作权保护和互联网产业发展的平衡，连带责任制度并不能滥用，而应严格遵循侵权责任归责原则和相关立法。在判断网络服务提供者是否应承担连带责任时，应从意思联络、"通知—删除"规则、合理注意义务三方面进行。

"意思联络"只适用于网络服务提供者构成直接侵权的情形。直接侵权是指在原告作品符合《著作权法》保护作品的前提下，除著作权"合理使用"规则外，网络服务提供者与"洗稿"行为人有共同侵权的明示或暗示的意愿，并实施了以分工合作方式共同提供"洗稿"作品的行为。在这种情形中，网络服务提供者和"洗稿"行为人都是直接侵权主体，他们共同实施了侵权行为，权利人可以要求网络服务提供者与"洗稿"人承担连带责任。

"通知—删除"规则与间接侵权相关。间接侵权是网络服务提供者在"明知"或"应知"的情形下为"洗稿"行为人提供帮助或便利，或引诱“洗稿”行为人实施直接侵权的行为，此类情况下，网络服务提供者构成间接侵权。间接侵权行为判定的重要依据是“通知—删除”规则，《信息网络传播权保护条例》第十四条、第十五条规定了“通知”规则与“删除”规则。“通知”指权利人向网络服务提供者提交书面通知，提示网络服务提供者，其平台存在涉嫌侵权作品，并且这一提示足以使网络服务提供者对侵权作品准确定位，进而采取进一步措施。如果通知内容或方式构成有效通知，而平台服务者却并未采取有效措施，造成权利人损失扩大，则网络服务提供者构成间接侵权；如果通知内容及方式不构成有效通知，因而网络服务提供者未能及时阻止权利人损失扩大，则不构成间接侵权。

“合理注意”义务指《著作权法》虽然未规定网络服务提供者必须尽到严格审查的义务，但其应承担合理注意义务，且不存在主观过错。网络服务提供者虽然不可能对所有网络信息进行审查，但应采取合理过滤技术措施，最大限度地防止侵权信息在平台的传播，并及时移除明显侵权的信息。此外，网络服务提供者应采取更严格的技术标准，防止违法复制、传播享有著作权的作品，从源头上制止侵权行为。同时，对于明显侵权的行为，网络服务提供者应履行主动制止的义务。

在本案中，原告谭某认为B网络公司存在直接侵权行为，理由是B网络公司会对网络用户内容进行审查，侵权作品只有得到B网络公司的允许才能传播，因此B网络公司是实际实施上传作品的主体，应当认定为构成直接侵权。法院认为，对作品进行审核与否并不是提供作品的要件，B网络公司因为内容质量对上传内容进行审查并无不当，对符合平台要求的内容准予发布不代表其为内容提供者，因此对原告主张不予支持。平台个人账户发布作品时，平台只是对其内容进行审查，作品的署名人和著作权人仍是账户所有人，作品所涉及的知识产权权益与网络服务提供者无关，因此，B网络公司没有实施发布被控侵权作品的行为，不承担直接侵权责任。

原告谭某依据平台注册需同意的协议主张，认为被告肖某与B网络公司以分工合作的方式共同提供了被侵权作品，构成共同侵权。协议中说明，B 网络公司向用户提供内容发布、数据分析、广告利润管理等网络技术服务，并为内容方提供内容服务、内容交易、收益管理，如果内容方存在以不合法手段提高内容方账户收益的情况，B 网络公司有权停止服务、追回费用等。被告肖某在满足相关条件后，有权获得流量内容及相关服务费。因此，B 网络公司与被告肖某存在经济利益联系，构成直接侵权。法院认为，B 网络公司与网络用户签订协议的目的在于规范用户行为，与被告肖某并不构成主观意思联络，而原告并未举例证明 B 网络公司针对被告肖某的作品投入广告或其他利益，也未约定在特定作品享有利益分成，不构成客观行为，故 B 网络公司不构成主观侵权。

关于间接侵权，原告谭某认为，被告 B 网络公司在接到侵权通知后未及时删除涉案被控侵权作品，应承担相应责任。根据原告提供的材料，原告于 2019 年 2 月 22 日通过平台对被告肖某的抄袭行为进行反馈，平台处理结果为“拒绝”，并要求原告补充首发平台原创文章的后台截图，标记出用户作者名称、文章标题、发文时间等详细信息，以便工作人员核查，原告并未补充提供。被告 B 网络公司在收到法院诉讼材料后及时删除了被控侵权作品。法院认为，原告原创文章链接为“人民网”转载页面，并非首发平台页面，仅凭此无法确定投诉者为涉案文章作品，因此，B 网络公司要求补充证据以待查验并无不妥。在原告起诉后，法院将诉讼材料送达 B 网络公司后，B 网络公司及时移除了被控侵权作品。此外，B 网络公司对被控侵权作品是否侵权并不存在“明知”或“应知”情形，因此，B 网络公司不存在间接侵权。二审法院认为，B 网络公司要求原告提供首发平台远传文章的后台截图，符合一般网络文章权属审查要求，因此，不足以认定 B 网络公司未尽到合理审查义务。

笔者认为，原告提供证据不足，现有证据不能够证明 B 网络公司构成共同侵权行为，因此，B 网络公司不构成直接侵权；鉴于原告作品的性质和特点，B 网络公司对被控侵权作品不存在“明知”或“应知”情形，在收到有效通知后，又及时对被控侵权作品进行了删除，因此，B 网络公司不构成间接侵权，不承担连带责任。

二、同人类文学作品著作权纠纷案例

随着网络文化的兴起和各类创作平台的发展，文学作品的创作类型越来越丰富，其中包括“同人作品”。

同人作品是以先版权作品中的作品元素进行二次创作的作品，其衍生于先版权作品，又与先版权作品存在显著差异，并满足《著作权法》关于作品保护的实质要件，是具有独创性和独立价值的衍生类作品。

网络文化使同人作品风潮盛行。同人作品在不断发展的过程中，不仅形式更为多样，而且商用性质也越来越明显，其与原作品的纠纷不可避免。近些年，由同人作品引发的著作权纠纷逐渐增多，关于同人作品的法律地位及其与原作品之间的法律关系等问题也逐渐引起社会关注。

笔者将通过对典型同人作品著作权纠纷案例的分析，探究同人类文学作品的著作权问题，为解决同人作品引发的著作权纠纷提供更为清晰的指引。

（一）案例情况

青年作家杨某借用知名作家多部知名小说中的人物角色名称创作了同人小说，并在完成创作后将作品发表于网络，后多家出版社对其进行出版，共发行多个版本。

原告认为，被告杨某创作的作品中的主要角色名称、人物间关系、人物性格特征及故事情节和自己发表的作品存在实质性相似，而自己已发表的作品属于《著作权法》保护作品，被告杨某未经许可擅自运用以上元素进行小说创作，并擅自篡改原告作品人物形象，且改变后未标明改编来源，严重侵害了原告的改编权、署名权、保护作品完整权和著作权人享有的其他权利，如对作品人物角色的商业化使用权。

法院认为，该案的争议焦点在于被告所创作小说的元素借用行为是否侵犯了原告的著作权。根据“思想与表达两分法”，作品的“具体表达”受到《著作权法》保护，其所表达的“抽象思想”并不在保护范围。而以此类裁判思路判定，应从作品表达的取舍、选择、安排和设计等方面进行比较，而非思想、情感、创意、对象等方面。

法院将原告作品与被告作品的作品表达进行比较后得出，涉案作品的人物角色名称虽与原告作品相同，但其与原告作品属于不同类型的文学作品，一个是武侠类文学作品，一个是青春校园类文学作品，且故事情节等作品表达也完全不同，因此无法认定该作品与原告作品存在实质性相似。

原告提出的角色商业化使用权并非《著作权法》的法定权利，其涉及的角色也并非类似美术作品的具体角色形象，因此，法院对该主张不予支持。

法院认为，在文化产业领域，应做到保护原创正当权益和促进文化创作并重，并且不以营利为目的的同人作品创作能够形成自身的独特价值，还可以与原作品形成相得益彰的助推作用，丰富文化市场。但本案中被告将自己的作品与原告已发表的作品建立了联系，并获得了一定竞争优势，因此，被告的图书出版行为构成不正当竞争，被告杨某及相关出版社应承担不正当竞争的侵权责任。

（二）案件争议

在这一案件中，原告诉被告杨某在作品中借用他人作品的人物角色名称、人物角色主要性格特征及部分人物角色关系进行创作，由此引发了原作者与同人创作者之间的著作权纠纷。

从判决结果来看，原告提出的被告方对于作品元素的借用行为构成著作权侵权的主张未得到支持，法院最终从不正当竞争角度对案件进行了裁判。这说明在司法实践中，法院认定同人作品创作者与在先著作权作品的著作权人是存在竞争关系的经营者。

将同人作品与在先著作权作品认定为存在竞争关系，与著作权的立法精神存在背离，且不利于文化艺术创新氛围的形成。这一判决结果引发了学界的关注和讨论，学界多持保留态度。案件的主要争议点有两个：第一点是同人作品使用在先著作权作品的人物名称、人物形象、故事背景设定等作品要素的行为性质认定；第二点是同人作品是否构成《著作权法》意义上的作品。

同人作品在当前文化市场占据了不少份额，对文化产业的繁荣发挥了积极影响，但同人作品创作无法避免与原作品产生关联。当同人作品进行出版发行等商业性转化利用时，是否侵害了在先著作权作品的著作权人的市场利益，是一个存在很大争议的问题。因此，明确同人作品创作元素的借用行为性质是判定同人作品是否侵犯在先著作权作品的著作权的关键。

此外，我国《著作权法》目前尚未对同人作品的性质给出官方界定，其是否能够成为受我国《著作权法》保护的作品尚未可知。虽然同人作品是在原作品基础上进行的二次创作，与原作品有一定关联，但其核心部分属于同人创作者的原创表达，与直接侵权的抄袭、剽窃不同，也不等同于改编演绎类作品。可以说，同人作品往往讲述的是不同于原作的新故事，与原作品并不存在实质性相似。同人作品有其特有价值，对我国文化产业发展具有积极意义，因此，不能一刀切地认为同人作品的元素借用是侵权行为，而应寻找原作者的权益与社会大众获取利用公共领域知识的权益之间的平衡点，以促进社会文化事业的健康发展。

（三）案件分析

同人作品指一群有相同爱好的人基于对特定作品或特定人物角色的喜爱在原作品基础上进行再创作所形成的产物。在同人文化逐渐发展的过程中，同人作品已不再只面向小众文化圈，而是面向了全社会。随着一些热门 IP 关注度的提高，版权方为维持热度、宣传推广，也会加入相关 IP 的同人创作，因此，商业化使用逐渐成为同人作品新的发展趋势和主流力量。

同人作品往往有两大特征：第一个特征是其往往起源于某部知名的

在线作品，或借用原作的人物名称、人物形象，或对原作的基本故事架构进行延伸性讲述；第二个特征是同人作品融入了同人创作者的二次创作，具有全新的主题，讲述的是新故事、新内容、新思想。

在本案件中，被告杨某的作品体裁为青春校园小说，讲述的是当代大学生活，与原告作品截然不同，尽管使用的是相同的人物名称和部分相同的人物性格特征，但并不会使读者产生相关性联想。法院认为，单纯的人物名称和人物性格特征并不受《著作权法》保护的表达，因此并未认同原告提出的著作权侵权主张，而是认为相关元素因不具备可版权性而进入了公共领域。

1. 同人作品运用原作人物元素行为性质认定分析

在同人作品中，借用最多的是同人作品的人物元素，具体而言，人物元素这一概念内涵非常丰富，其包含人物名称、形象、身份等，有时还会设计较为抽象的人物形象特征、人物性格特征等。当然，在现今同人作品中，还包括以现实人物形象，如明星等人物元素进行创作的作品，此类元素属于公共文化领域的共享信息，并不在著作权保护行列。重点讨论的对象是由创作者从无到有创作的虚拟人物元素，是否能够受到《著作权法》的保护。这将涉及两个方面，即人物元素是否具有独创性和人物元素是否属于外化于思想的表达。

就“独创性”而言，“独立”和“创造性”两个要素缺一不可。“创造性”这一概念在学界并不统一：有的学者认为“创造性”是指与享有作品相比存在足够大的差异，并且不会被混淆和误认；有的学者从法经济学角度理解，认为“创造性”要包含较高的市场价值、一定的投入成本、较小的偶合概率和相较于既有表达的显著差异。

在本案件中，对作品中的人物元素，原告并没有办法证明此前文学作品中没有类似的人物名称、人物形象、人物特征，甚至现实世界中也会出现此类人名，历史中也能偶尔找到相似的真实人物形象。由此而判断人物元素的独创性时会得出人物名称或人物形象并不具有独创性的结论，这显然是不合理的。将这些人物形象与小说作品相结合就会发现，人物元素、人物形象贯穿了整部小说，当读者读完整部小说，会将人物形象与人物名称紧密相连，读者一看到人物名称，就会想到作品中刻画的人物形象和故事情节，人物元素显然具备足以证明其创造性的“显著差异”。

关于人物元素是否归入“表达”范畴，我国学界尚存在一定争议。有学者认为，单纯的人物形象如人的相貌、性格，单纯的人物关系如妇女、情侣等，属于公共思想领域，难以构成表达本身。这类观点对作品中人物元素的概念进行了拆分理解，即将抽象的人物形象、抽象的人物关系这些被公有领域吸纳的部分排除出“表达”范围。对于人物元素，并不能一刀切地判定其为思想或表达，要明确二者界限，就需要对人物角色可著作权性的标准进行讨论和确定。目前，现有的两个检测标准是美国法院在司法实践中确立的充分刻画标准和讲述故事标准。

充分刻画标准指作品人物角色受到保护的程度取决于其被描述刻画的充分程度，人物角色被刻画描述得越具体、越丰富、越充分，则其脱离于作品而单独受到《著作权法》保护的可能性越大。

讲述故事标准指将人物角色知识当作创作者讲述故事的工具时，人物角色不能受到《著作权法》的保护，但当角色达到“讲述的故事”本身时，人物角色就不再是工具，而成为故事核心，此时人物角色就成为受到《著作权法》保护的内容。

由于思想与表达的界限难以确定，原作品的人物角色多数情况下还是被认定为抽象思想，而非具体表达，因此难以受到《著作权法》的保护。文字具有抽象性，一千个读者就有一千个哈姆雷特。相较于美术类作品、影视类作品的人物角色而言，文字类作品中的人物角色并不直观和具体，只能通过文字描述让读者进行想象，这是文字作品中的人物元素难以受到著作权保护的主要原因。

因此，文字类作品中的人物元素获得《著作权法》保护的前提是作者对人物描述得非常充分，并通过故事情节对人物性格特征做出了形象生动的描述，才能实现人物元素与具体形象的紧密对应。

2. 同人作品著作权侵权认定及合理使用问题分析

“合理使用”是为实现著作权人的合法权益与公众自由利用公共领域思想进行再创作的需求利益之间的平衡而采取的制度，其允许版权方以外的主体对版权作品进行一定程度的使用。我国合理使用制度在《著作权法》的第二十四条，主要从使用目的角度规定了合理使用的具体方式。

目前，我国同人作品按创作目的进行分类，分为商用性质的同人作品和非商用性质的同人作品。一开始以营利为目的的同人作品自然被分为商用性质的同人作品，但一开始并非以营利为目的而创作，在作品具有一定影响力后又对其进行出版等商业性质使用的同人作品，其属性并不明晰，需要进一步讨论。

人们通常认为，以评论、批评等文艺探讨为目的的使用行为属于合理使用的范畴。就使用性质而言，当同人作品产生独立于原作品的价值，而非原作品的附庸时，其对文化艺术产业的发展起到了一定推动作用，可以被归类为合理使用。

对于不同类型、不同性质的作品，《著作权法》为其提供的保护程度存在差异。例如，虚构类作品，因大部分内容都为作者从无到有的创作，因此受保护程度更高，此类作品元素借用行为被判定为合理使用的门槛应更高；纪实类原创作品，由于其内容很大部分源于社会共有文化领域，此类作品元素借用行为被判定为合理使用的概率更大。同人作品由于多建立在虚构版权作品的基础上，因此在合理使用判定方面存在劣势。

同人作品引用原作品的内容比重也与合理使用关系密切。由于同人作品是借用原版权作品的作品元素进行创作，这就要求同人作品不能大量引用原作品内容，且不能借用其核心元素，只能是小范围非核心元素的借用。例如，引用原作品边缘人物角色为同人作品核心人物，从而创作全新的故事情节。新故事与原作品无相似或延续关系时，大概率会被认为是合理使用。

此外，需要结合同人作品创作者的使用行为对在先著作权作品产生的潜在市场、价值影响进行分析，从而判定是否为合理使用。具体而言，就是要分析同人作品是否会对在先著作权作品产生“替代性”，是否会瓜分在先著作权作品的受众和市场，是否会影响在先著作权作品的市场价值，以及这些影响是正向的还是反向的。这些也是分析同人作品借用原作品创作是否正当的重要衡量标准。

3. 同人作品是否构成《著作权法》意义上的作品分析

要分析同人作品是否构成《著作权法》意义上的作品，需要从《著作权法》层面分析同人作品的法律性质。目前学界观点不一，有人认为同人作品属于演绎作品，也有人认为应根据同人作品相对于原作品而言的独创性高低进行分离，那些保留原作品基本表达的同人作品，可被归类为演绎类同人作品。

“基本表达”在小说中指围绕核心人物所展开的贯穿始终的故事情节。当同人作品只引用原作品部分人物元素而与原作品的基本表达存在显著区别时，此类同人作品的分类在我国尚未有定论。

演绎作品在我国《著作权法》中没有明确的概念。我国学者王迁教授认为，演绎作品是在不改变原有作品基本表达的基础上，增加具有独创性的表达所形成的新作品。[①] 此外，还有学者拓宽了演绎作品的范围，认为改编、翻译、修订、翻新、简写等所有二次创作作品都属于演绎作品。

就我国目前的《著作权法》来分析，若将同人作品归入演绎类作品范畴，最可能触及的只有演绎作品的改编类作品，即在不改变作品基本内容的情况下将作品由一种类型改为另一种类型。[②] 而目前同人作品大多都改变了作品的基本内容，只是借用作品的部分元素，因此，同人作品在事实上很难被归入改编类作品行列。

要想更好地解决同人作品与原作品的著作权纠纷，实现对同人作品著作权的保护，应明确演绎作品的范畴，为同人作品借用原作品元素的

① 王迁．知识产权法教程 [M]. 5 版．北京：中国人民大学出版社，2016：177.

② 胡康生．中华人民共和国著作权法释义 [M]. 北京：法律出版社，2002：72.

行为划定阵营。

4. 对作品人物元素商品化利用分析

同人创作者借用在先著作权作品的人物元素进行再创作，在同人作品产生一定影响后将其进行商业性开发使用，同人创作者也会获得一定经济报酬或其他方面的利益，这种元素借用行为毫无疑问是商业性利用。如果同人作品借用的在先著作权作品具有较强影响力，则很难说同人作品所获得的利益与在先著作权作品的影响力无关，这不可避免地会造成同人创作者与原创作者的纠纷。

在本案中，被告杨某一书的商业化使其获利，原告提出其角色商业化使用权受到侵犯，但由于角色商业化使用权并非《著作权法》的法定权利，法院对其主张不予支持。

现有著作权法律体系下，人物角色及形象较难单独受到《著作权法》的保护，但作品人物角色随着作品传播也会被公众熟知，从而产生独立于作品的商业价值。

同人作品因其独创性，具有受到法律保护的必要性，但如果其利用在先著作权作品元素而进行商业化开发，则确实会与在先著作权作品的著作权人产生利益纠葛，因此应平衡各方主体利益，一方面考虑为同人作品元素商业化利用提供知识产权保护，另一方面则需要考虑到在先著作权作品的著作权人利益回报问题。笔者认为，在《著作权法》中引入商品化权制度，能够较好地平衡各方利益关系。

“商品化权”有时也被称为“形象权”。我国知识产权研究学者郑成思先生认为，商品化权是存在于民法人身权与著作权、商誉权之间的边缘领域。[①] 随着文化产业的迅速发展，学界就引入商品化权这一话题一直都有探讨。例如，我国知名学者吴汉东教授认为，对存在商业价值的人物角色形象，有必要对其利益进行法律保护，即在法律层面确立商品

① 郑成思．商品化权刍议 [J]. 中华商标，1996（2）：4-6.

化权是非常必要的。[①]

同人作品多涉及对原作品人物角色、人物形象的使用，其与原作品产生的纠纷也多源于此。如果在《著作权法》中引入“角色商品化权”，能够有效解决由此产生的问题与纠纷。

角色商品化权即对于享有一定知名度和影响力的角色形象，权利人有权就该角色形象及其主要特征进行周边产品及服务的设计与开发，并享有对周边服务及产品投入商业化使用并获取报酬的权利，具体包括角色处分权、使用权和收益权。如果同人作品创作者不规范地借用在先著作权作品元素，则可能涉及对其人物角色商品化权的侵犯。设定好权利边界，对规范元素借用行为、平衡同人作品创作者与在先著作权作品的著作权人之间的利益具有积极意义。

三、文字作品数字版权纠纷案例

近些年，我国数字出版产业发展迅速。与此同时，互联网技术的更新迭代、传播方式的变化和出版模式的改变，也给我国数字出版著作权法律保护带来了不小的挑战。接下来，笔者将对文字作品数字版权纠纷案例进行分析，探究我国数字出版著作权法律保护所遇到的挑战，并给出相应建议。

（一）案例情况

2012 年，袁某与 C 出版社签订图书出版合同，约定 C 出版社为袁某发行其原创文学作品。双方在授权合同中明确表示，C 出版社必须在征得袁某同意和授权后，才能够在其他网络平台复制、发行并传播其作品；对于作品复制发行或经过网络平台传播所获的收益，需要告知袁某，并支付所得收益。

2017 年，袁某与 C 出版社解除合约，之后并未将作品版权出售给任

① 吴汉东．形象的商品化与商品化的形象权 [J]. 法学，2004（10）：77-89.

何机构。2012—2017 年，除稿费外，袁某并未收到任何其作品在网络平台复制、发行和传播所应得的收益。

2020 年，袁某陆续在网络平台看到、听到自己的作品，于是将 Z 数字传媒有限公司、B 电子商务有限公司、M 数字传媒有限公司、S 在线科技有限公司、W 科技有限公司一并告上法院，要求各方停止侵权行为并赔偿经济损失。

2021 年 3 月，一审法院经过案情了解，认定袁某主张合理，判决被告公司赔偿袁某经济损失和维权合理开支。

2021 年 8 月，C 出版社向法院起诉袁某，认为袁某在 2020 年就上述作品数字版权授权行为追究 Z 数字传媒有限公司、B 电子商务有限公司、M 数字传媒有限公司、S 在线科技有限公司、W 科技有限公司的数字版权侵权责任，违反了双方于 2012 年签订的图书出版合同。

（二）案例分析

随着大数据时代的来临和网络文化产业的不断发展，出版产业的数字化转型趋势愈加明显，文学作品的数字版权也成为拥有较大市场潜力的文化产业，随之而来的数字版权纠纷也逐渐增多。

2020 年，为适应网络信息时代带来的一系列变革，我国《著作权法》完成了第三次修订。在此次修订中，《著作权法》一方面拓宽了客体保护范围，另一方面着力解决了数字版权纠纷司法实践中的常遇问题。在本案例中，不仅涉及著作权侵权纠纷，还涉及数字版权争议，笔者将结合数字出版著作权保护进行案例分析。

在新修正的《著作权法》第十条第五项中，对复制权的形式界定新增了“数字化”形式。权利人对作品享有复制权、表演权、信息网络传播权等财产权。在本案件中，袁某在完成原创作品创作后，自然而然应取得该作品的版权（含数字版权），在袁某与 C 出版社签订图书出版合同后，C 出版社依照出版合同所取得的专有出版权也受到法律保护，但法律规定的专业出版权是否涵盖作品数字出版权仍存在争议。

袁某作品在线发行的电子版属于复制品的范畴，出版、复制、发行、出租复制品等行为均应证明其有合法来源，否则行为人需承担法律责任。在袁某未知情的情况下，其作品被数字化，因此将被告Z数字传媒有限公司、B电子商务有限公司、M数字传媒有限公司、S在线科技有限公司、W科技有限公司告上法院。笔者认为，法院认定袁某主张合理，判决被告公司赔偿袁某经济损失和维权合理开支是符合数字版权侵权纠纷判定标准的。

C出版社就图书出版合同将袁某告上法庭，其争议焦点在于数字版权的授予问题和数字版权归属的法律认定问题。

随着网络信息传播权涵盖方式的多样化，著作权授权许可也不断细分，但由于法律对数字版权规范不明确，为降低侵权风险，大部分出版商都采取直接、间接或默许授权的方式来获取数字版权。直至今天，不少出版社或文化传播公司在与著作权人签订出版合同时，都未对数字版权做出具体约定，由此引发的数字版权纠纷也逐渐增多。

在本案件中，袁某与C出版社签署的合同，应属于“文学作品独家授权协议”，这种协议通常会对文学作品的独家全版转让权问题以及报酬分配问题做出具体规定。由于数字版权的特殊性，传统出版的合同条款很难有效覆盖数字终端产品、电子出版物、网络增值服务等表现形态所涉及的权利义务问题。从图书出版合同中可以看出，袁某与出版社就作品实际数字版权的部分做出了约定，即C出版社必须在征得袁某同意和授权后，才能够在其他网络平台复制、发行并传播其作品；对于作品复制发行或经过网络平台传播所获的收益，需要告知袁某，并支付所得收益。

笔者认为，这一合同内容中，袁某就作品数字版权与C出版社做出了约定，当满足必要条件时，C出版社才获得作品数字版权授予。袁某之后并未收到C出版社的授权申请，也未得到作品在网络平台复制、发行、传播的收益，因此，C出版社并不具有袁某作品的数字版权，无权干涉袁某对其正当权益的诉求。

数字版权纠纷常由数字出版版权授权不规范、数字出版版权交易合同不完善引起。对文学作品，根据现行法律界定，多定义为公民的私权，作者在作品创作完成时所享有的权利是独立且完整的。在大数据飞速发展的时代，原有的版权授予方法已无法满足数字出版时代的发展需要。笔者认为，应构建更为科学合理的版权授权制度，解决数字出版中版权人与使用者授权不规范等问题，这样才能够降低交易成本，有效避免出版社、网络平台等利用他人作品时产生的版权侵权。

此外，本案中，C出版社与袁某产生的纠纷也与数字出版版权交易合同不完善相关。在版权纠纷中，版权人与使用者较容易在数字版权范围、产品形态、技术保护等方面存在法律纠纷。针对这些问题，笔者认为，司法应完善数字版权交易合同的开放性条款，建立版权代理制度，规范数字版权交易合同。例如，出版社与作者在签订授权合同时，可以对作品的数字版权做出明确规定，具体可分为以下四点。

第一，明确合同签订人对数字出版作品的具体使用方式。授权合同应该明确说明出版社可以如何使用作者的作品。例如，出版社可以将作品在哪些平台上进行销售，是否可以将作品进行转载，是否可以对作品进行修改等。这种明确规定能够保护作者的权益，避免出版社无限制地使用作品，同时为出版社在使用作品时提供法律依据。

第二，明确对数字出版物著作权人身权被许可使用的限制范围。这是对作品的使用范围进行的界定，包括作品的使用地域、使用时间、使用次数等方面的限制。这些限制可以确保作者的权益不会被侵犯，同时可以让出版社明确自己的权利和义务。

第三，明确数字版权非报酬形式对价的可行性。在数字版权的交易中，除了可以使用货币作为对价，还可以使用其他方式。例如，出版社可以将提供技术支持、广告推广等服务作为对作者的报酬。这样的规定可以提高出版合同的灵活性，也可以满足不同作者的需求。

第四，明确约定作品衍生成果的权利归属和收益分配。衍生作品是指在原有作品基础上创作出的新作品。合同应该明确规定，这些衍生作品的权利归属以及收益分配。一般来说，衍生作品的权利应该属于原作作者，但在实际操作中，出版社可能会参与衍生作品的创作，因此，合同应该对此做出明确规定，以避免因权利归属问题而引发的纠纷。同时，衍生作品的收益分配也应在合同中有明确的规定，以保护作者和出版社的权益。

第二节 视听作品类著作权纠纷案例

一、网络游戏直播画面著作权侵权案例

近年来，网络游戏产业发展迅速，互联网也逐渐进入直播时代。这种情况下，游戏制作商在网络直播平台领域的合作与竞争逐渐凸显，由流量直播带来的利益纠纷也逐渐增多。笔者将选取其中具有代表性的著作权侵权案例进行分析，为解决网络游戏直播画面引发的著作权侵权纠纷提供更明晰的指引。

（一）案例情况

2003 年，H 公司发行了一款大型多人在线扮演游戏 A。2013 年，H 公司旗下公司基于游戏 A 开发了游戏 B，并获得了版权授权。游戏 B 延续了游戏 A 的角色、图像风格和故事，这是同一款游戏的更新迭代。

游戏玩家在玩这款游戏前，必须点击服务条款，同意玩家代码和其他说明。在说明中有“不得展示、分发、复制该游戏图像，通过未授权的第三方软件公开游戏的全部或部分内容”的条件和其他条件。游戏玩家在这款游戏中体验了一系列连续不断的动态画面和声音，通过游戏设定进行战斗、合作，并获得了优质的视听享受。

2011 年，V 公司在某直播平台设立直播专区，组织主播对游戏 A、游戏 B 进行直播。主播操作该游戏，并在直播中呈现游戏图像和游戏比赛的连续动态画面。V 公司对主播进行排名、点评、推荐，并建立利益

分享制度，能够直接在直播中获利。

H公司发现这一行为后，致函V公司，要求其停止直播这款游戏，在交涉无效的情况下，H公司向法院提起诉讼。2014年，该案立案。

H公司诉称：V公司未经授权擅自组织员工在平台直播我公司游戏，对我公司构成侵权以及不正当竞争行为，因此申请法院判决V公司停止侵权，道歉并赔偿1亿元。

V公司辩称：H公司不涉及该游戏直播画面版权，无权提起诉讼。游戏玩家呈现的连续动画不属于《著作权法》规定的用类似电影制作的方法所制作的作品。此外，游戏直播对游戏传播具有促进作用，应构成游戏画面的合理使用。直播游戏画面既不属于《著作权法》规定的具体权利，也不能随意适用“兜底规则”，因此本公司行为不构成侵犯著作权，即使侵权成立，游戏直播创造的价值也主要源于游戏主播，游戏元素对收益贡献无效，H公司主张赔偿金额不合理。

一审法院认为，该游戏直播视频属于类电作品范畴，H公司是该游戏画面版权所有人。V公司组织主播对H公司的游戏在其他网络平台进行直播，确实侵犯了H公司的“其他权利”，应承担相应责任。根据V公司公共金融业务报告预测比赛的广播收入，并考虑涉及的工作类型、情节、规模、利润和连续侵权的主观意图等因素，确定合理补偿。一审法院责令V公司停止传播游戏画面，并赔偿H公司2 000万元的经济损失和相应维权费用。

双方对一审判决提出异议并上诉。H公司认为一审赔偿数额过低，诉请支持全部赔偿额；V公司认为，游戏连续动态画面不构成作品，游戏直播是合理使用，且一审判额太高，未反映公司游戏直播业务的实际获利情况。

二审法院认为，游戏连续动画是文学艺术领域原创的、有形的、可复制的智力成果，同样属于《著作权法》的保护主体，游戏的连续动态图像符合《著作权法》中规定作品的核心特征，可以作为类电作品进行保护。游戏直播虽不属于《著作权法》规定的展览权、放映权等，但属于“应当由著作权人享有的其他权利”，直播是直接向公众实时传输内容，游戏图像直播实际是作品的公开传播。V 公司虽然不是现场直播软件的技术提供者，但却是主播直播游戏的组织者，其直接侵害了 H 公司的著作权，必须承担责任。由于直播收入除与游戏元素相关，也离不开游戏直播平台和游戏主播的价值贡献，如果游戏版权人独自享有直播平台的全部获利，会导致利益失衡，违背公平原则，因此维持一审判决结果，驳回上诉。

（二）案例分析

游戏直播是新兴行业，本案作为游戏直播引起著作权侵权纠纷的案例具有典型性。该案例的最终审判不仅明确了在线游戏的连续动态画面的著作权保护路径，且详细阐明了直播游戏是否构成合理使用的判断标准，为之后类似案例的审判提供了借鉴。

近些年，随着游戏产业的发展，不少游戏屡屡陷入“抄袭借鉴”“仿制”风波，这对保护游戏产业的知识产权提出了更高要求。在司法实践中，以保护游戏整体画面版权的探索之路逐渐展开。

在本案例中，引发关注的焦点共有三个：第一，游戏连续动态画面能否被认定为类电作品；第二，在未经许可的情况下进行游戏直播是否构成侵犯著作权；第三，如何平衡游戏直播侵权赔偿与新产业发展利益。

1. 游戏连续动态画面能否被认定为类电作品

近些年，多个法院将角色扮演游戏的画面认定为类电作品进行保护，陆续有法院将审判思路扩展到第一人称射击游戏和多人在线战术竞技游戏领域。

游戏连续动画指游戏运行时在终端画面上显示的一系列有声音或无声音的游戏画面集合或整体，其是否都能够被认定为《著作权法》规定的类电作品并不能一概而论，而应根据游戏种类、游戏特点等进行判定。要确定某一表达是否构成类电作品，除满足作品原创性和可复制性要求外，还应符合类电作品核心特征——由一系列有伴音或无伴音的画面组成。游戏连续动态图像如果具备创作高度，并符合核心特征，则符合类电作品的特殊门槛要求，可考虑归入类电作品保护。

由于游戏连续动态画面是游戏资源库中美术、音乐等固定的对应视听资源通过命令操作集合呈现的画面，是游戏资源库中相应作品的集合，因此权利人请求的是分割保护还是统一保护，并不改变其依法享有的权利。

本案中的游戏是角色扮演游戏，玩家根据原始设定的游戏场所进行各步骤。持续动态的游戏图像带给了玩家电影般的视听体验，可以被视为类电作品。此外，本案游戏直播画面涉及游戏资源相应作品的集合。因此，H公司作为游戏作品权利人，享有要求统一保护的权利。一审法院基于立法目的、游戏特点、产业需求等多维度，详细论证了将本案涉案游戏认定为类电作品进行保护的法律依据和现实必要性，主张维护H公司合法权益，其判定非常符合著作权立法目的，并为此类案件的评判提供了值得参考的借鉴。

2. 在未经许可的情况下进行游戏直播是否构成侵犯著作权

近年来，游戏制造商是否有权禁止未经授权的游戏直播行为一直是业界争论的话题。游戏版权所有者和直播平台之间引发的纠纷日益增多。在司法实践中，不少法院发布禁令，禁止网络平台直播游戏。

直播是一种信息公开传播行为，其以信息技术手段为依托，采取与真实场景同步的表现形式向外传播特定场景。直播游戏画面实际就是公开传播作品的行为。在本案中，V公司认为直播游戏属于对游戏作品的“合理使用”，并不构成侵权。《著作权法》中确实有“合理使用”的相关规定，即在某些特定情况下使用作品，可不经著作权人许可，不向其支付报酬。

但在本案中，涉案游戏的连续画面的艺术价值功能在游戏播出时并未发生质的变化，而是根据玩家和观众的视听体验来实现的，因此，游戏的播放价值和功能仍来自游戏版权人的创造性工作。此外，本案中的直播游戏是以营利为目的，且使用比例超出了合理范围，一定程度上影响了游戏版权人的经济利益和有效行使著作权的权利。因此，无论是从目的还是造成的结果方面分析，这种行为都不能被视为合理使用。

在游戏直播中，主播的个人贡献和平台的稳定运行对直播的创收影响很大，能够有效扩大游戏影响力，推动游戏产业和直播产业的发展，但这种贡献并不能取代游戏授权，也不能以此为理由侵犯著作权人对其作品的专有权。

判断直播游戏是否构成合理使用，最终应根据《著作权法》规定的合理使用实质性标准来判断。在具体案例中，在确实需要推动科技创新、文化发展和经济发展的前提下，应充分考虑纠纷发生时的技术创新背景和社会发展水平，兼顾著作权人、作品传播者和公众的权益，综合权衡后再做出判断。

3. 如何平衡游戏直播侵权赔偿与新产业发展利益

游戏直播产业是随着网络传播技术发展的新兴行业，游戏产品著作权人当然有权享有其作品传播带来的相应利益。但除游戏因素外，直播主播和直播平台也为直播营收做出了较大贡献，因此，当游戏直播产生利益纠纷时，应兼顾游戏著作权人和游戏主播、游戏直播平台的多方利益，即使侵权成立，也应当从利益平衡角度确定赔偿金额。

根据民事赔偿的“填平”原则，赔偿应与侵权行为有直接因果关系。侵犯著作权的“非法所得”应当是侵权人扣除必要成本后的合理利润，权利人一般无权获得不属于被侵权人的价值贡献。侵权赔偿是在充分考虑诉讼证据的基础上，对侵权行为给权利人造成损害的各种因素进行全面法律评价之后，判定侵权人应给出的赔偿，以充分补偿权利人的损害利益。在著作权侵权赔偿方面，还要区分不属于知识产权价值贡献所涉及的部分，避免著作权人获得不当利益。

在本案中，法院考虑到游戏画面以外的因素对游戏直播利润的贡献，没有采取原告H公司的赔偿金额，而是平衡了游戏著作权人、游戏主播、游戏直播平台的多方利益，使网络游戏直播利益分配规则更为明确，既严格遵循《著作权法》，保障了游戏著作权人的利益，也对游戏直播平台、游戏主播等对游戏直播产业做出的贡献给予了充分肯定，为平衡游戏直播侵权赔偿与新产业发展利益做出了良好示范，也为处理此类案件提供了参考。

二、视听类作品著作权合同纠纷案例

视听类作品著作权合同纠纷是著作权类案件数量众多、难度较大的一类案件。笔者将选取经典个案作为研究对象，为视听类著作权合同纠纷案例提供更明晰的指引。

（一）案例情况

广东G文化传播有限公司(以下简称G公司)创作了一系列动画作品，其中A系列家喻户晓，获得了良好的市场反应。

2012年9月，北京Y科技有限公司（以下简称Y公司）与G公司签订著作权许可试用合同，约定G公司A系列动画在T省的专有独占性授权，合同约定排除了包含G公司在内的其他任何第三方享有或行使该种独占性专有授权的可能，该项专有授权包含A系列动画作品4部。

合同中表明，G公司将四部动画的信息网络传播权授予Y公司，许可期限3年，起算时间节点为每部作品单独授权书所载日期，授权书载明的日期应当为Y公司完成节目介质字幕转换并可以使用后，但是最迟不得晚于2013年1月30日，许可限定地区为T省。此外，合同还约定Y公司应采取相应技术措施限制T省以外的观众通过播放渠道进行点播服务。

合同中还表明，Y公司应当支付G公司360万元，双方约定支付方式为在G公司收到Y公司支付的协议金额70 %，即252万元后，向Y公司出具上述系列动画作品的版权证明文件，剩余30 %的金额在Y公司收到G公司按合同约定的版权证明文件、授权书和作品介质后7日内支付。

签订合同后，G公司在2012年9月4日向Y公司开具发票，开票项目载明为动画作品版权费，票面金额合计 252 万元。Y 公司在收到发票后，在 2012 年 9 月 28 日向合同约定账户进行转账，共支付许可费 252 万元。G 公司按合同约定向 Y 公司交付版权证明文件、授权书等系列授权文件，Y 公司在收到文件后却未按合同支付剩余的 108 万元。因 Y 公司没有支付余款，G 公司向 Y 公司寄出许可使用合同解除通知书。

G 公司在 2015 年向 A 法院起诉 Y 公司，诉请法院判令 Y 公司支付剩余合同价款 108 万元并参照同期贷款利率计算利息。法院确认合同解除时间节点并以此时间节点为计算终止，部分支持了 Y 公司逾期违约金 4 6548 元。G 公司不服判决，并提出上诉。

二审法院维持了一审判决结果，并认为 Y 公司支付的许可使用费已明显超过合同已履行部分对应的价款。而这一判定可能直接导致 Y 公司向 G 公司请求退还多支付的那部分许可使用费。

2016 年，Y 公司向 B 法院提起诉讼，诉请法院判令 G 公司退还许可使用费用 107 万元及利息。法院根据公平等价有偿的合同一般性原则，接纳了 Y 公司主张的“按授权期限起至协议解除前，按实际使用期限及天数据实结算”意见，支持 Y 公司诉讼请求。

G 公司不服判决并向法院提出上诉。G 公司认为，知识产权作为特殊的财产性客体，在授权合同履行中出现被许可人违约情况时，权利人的损失是净损失，不会因后续其他授权得到弥补，因此，参照租赁合同对合同已经履行的部分的相应价款据实核算，对著作权许可使用合同的权利人不公平。二审法院采纳了 G 公司的主张，撤销一审判决，并驳回 Y 公司全部诉讼请求。

（二）案例分析

本案例是由著作权合同单方违约引发的合同纠纷，具体涉及涉案合同违约救济方式的选择、涉案违约金条款的认定与适用、涉案合同违约赔偿范围的确定等法律问题。

1. 涉案合同违约救济方式的选择

涉案合同违约事实发生后，守约方在法律层面掌握了法律选择的主动权。《中华人民共和国民法典》（以下简称《民法典》）合同编中构架了我国合同违约救济制度，具体包括继续履行、采取补救措施和赔偿损失等一般性违约救济制度。

合同履行障碍大致可分为七种：不可抗力、情势变更、履行不能、延迟履行、不完全履行、拒绝履行和债权人延迟。除不可抗力和情势变更外，其余合同履行障碍都应承担约定的违约责任。

在本案中，Y 公司未向 G 公司支付剩余的协议金额，涉及延迟履行和拒绝履行两种履行障碍，需要承担违约责任。由于 Y 公司的违约行为，G 公司行使了合同解除权。在涉案合同中，双方对合同解除权进行了细化，即守约方发出停止违约行为通知后 10 日内，违约方不停止违约行为的，守约方有权单方面解除本协议。

从案件后续发展来看，G 公司行使合同解除权后，并未使其权利得到完满保护，故其向法院提起上诉，并要求 Y 公司承担违约责任，支付剩余的 108 万元并赔偿违约金。涉案著作权合同已经因 G 公司行使合同解除权而终止，G 公司和 Y 公司的约定都已在合同权利义务关系中解除，因此，G 公司在合同解除后提出让 Y 公司继续履行职责是不合理的，一审法院并未支持 G 公司要求 Y 公司支付 108 万元的主张，但部分支持了违约金赔偿。

违约金赔偿属于赔偿损失，指因违约方不履行契约义务或履行契约义务不符合约定而导致的一种违约责任承担形式。在本案中，G 公司行使合同解除权后，失去了要求 Y 公司继续履行合同的请求权，只能够请求对方支付因合同目的不能实现而产生的合同损害事实补偿。

2. 涉案违约金条款的认定与适用

对于 G 公司在一审中诉请法院判令 Y 公司支付逾期付款违约金，一审法院按合同支持“滞纳金”赔偿，但 G 公司不服判决并上诉，认为“滞纳金”是一种行政处罚措施，而非一种违约责任，该约定因违反法律强制性规定无效，视为对违约金没有约定。法院运用合同解释的方法，将“滞纳金”认定为违约金并维持一审判决。

在违约金认定和合同解释方面，我国《民法典》总则编第一百四十二条明确指出，“应当按照所使用的词句，结合相关条款、行为的性质和目的、习惯以及诚信原则，确定意思表示的含义”。在本案中，G公司认为一审判决将合同约定的“滞纳金”理解为“违约金”没有法律依据，“滞纳金”是一种行政处罚措施，而非违约责任，该约定因违反法律强制性规定无效，应视为对违约金没有约定，并要求违约金按照同期1～3年贷款利率的150％计算。显然，这种诉求在两次审理结果中都未得到法院支持。法院审理对合同约定的“滞纳金”真实意思为“违约金”的合同解释兼顾了狭义的文义解释方法和合同整体解释方法，是正确的认定。

在司法实践过程中，违约金适用也存在一些争议。有学者认为，违约金具有优先性，如果合同规定了违约金条款，则应不问缘由优先适用违约金；有学者认为，合同违约金与合同损害赔偿请求权来源不同，因此二者效力不冲突。

笔者认为，违约金条款的约定不能导致合同赔偿请求权的当然消灭，如果单纯按照延迟履行的违约金条款来计算著作权人一方的损失，那这种计算方式对守约方是不公平的。著作权人在对方拒绝履行合同义务，而违约金条款又没有约定该种情况如何进行利益均衡时，可在诉讼中将这两部分利益进行分割。一部分为根据合同条款请求违约方对延迟履行价款的行为进行赔偿；一部分为著作权人合理使用合同解除权后，根据合同清算条款（如违约金条款）和实际损失请求对方进行违约金赔偿和损害赔偿。守约方可根据具体情况选择违约金赔偿或损害赔偿，在二者不过分超出实际损失时，可提出两个赔偿要求，以完满保护守约方利益。

3. 涉案合同违约赔偿范围的确定

《民法典》第五百八十四条对违约责任的范围进行了限定：“当事人一方不履行合同义务或者履行合同义务不符合约定，造成对方损失的，损失赔偿额应当相当于因违约所造成的损失，包括合同履行后可以获得的利益；但是，不得超过违约一方订立合同时预见到或者应当预见到的因违约可能造成的损失。”

在本案中，Y 公司未履行合同义务，因此应承担违约责任，但双方对涉案著作权合同许可费的计算依据产生了分歧。G 公司认为，著作权许可费本质是对其履行全部合同义务的对价，因 G 公司已完成全部合同任务，所以 Y 公司也应继续履行协议剩余 30 % 的价款。Y 公司则认为，G 公司在 2014 年 4 月 14 日单方面解除协议，Y 公司认可解约，本方自收到动画作品硬盘后，实际使用时间仅一年，协议解除后，G 公司完全可以将作品著作权重新投入市场交易，因此 G 公司并未有实际损失。

我国两大法院就涉案合同许可费用的计算标准发生了严重分歧，这导致商事主体在进行著作权许可交易活动时缺乏明确的利益预期，此处争议焦点在于著作权许可费应按照何种标准进行计算。

违约责任赔偿是合同利益损害的一体两面，因此要确定合同的赔偿范围，首先应分析清楚合同利益。合同利益大体包含期待利益（履行利益）、返还利益和信赖利益。

关于违约责任的赔偿范围，期待利益只包括合同实际履行后可以获得的利益；返还利益指已完成交付的物品可以请求对方返还；合同违约过程中通常不会涉及合同信赖利益损失，信赖利益只体现为因合同不成立或无效而产生的损害。

本案“合同僵局”的形成原因在于合同期待利益作为赔偿上限不足以发挥合同解除制度的功能。合同解除在效率价值维度将守约方从合同义务中解除出来，从而可以重新缔结合约获得利益。如果将合同赔偿的可预期性进行小范围拓展，将信赖利益纳入其中，使守约方因解除合同而重新缔结合约的成本得到承担，将更有利于著作权作为无形财产的充分利用。

因此笔者认为，著作权合同违约解除的赔偿范围应分为三部分：第一部分是合同违约条款所确定的包含违约金在内的违约责任；第二部分是著作权许可合同所列明的所有收益；第三部分是因违约方违约而导致合同不能继续履行，著作权人重新寻找缔约方的成本。

此外，除确定著作权合同违约的赔偿范围外，制定统一裁判规则也有利于此类案件纠纷的解决。著作权在适用合同损害赔偿的一般性规则时，应考虑其保护客体的特殊性。为维护这种无形客体的财产属性，应将不作为、不履行、拒绝磋商而导致的不利后果加于被许可方，这样不仅符合契约正义的价值要求，也能够为著作权交易市场提供更稳定、更明确的规则秩序。

第七章　网络环境下著作权保护面临的挑战

第一节　网络发展对创作和作品传播的影响

一、网络发展为创作带来了便利

网络技术的快速发展为人们提供了更丰富的创作素材和更多元的创作方式。互联网时代，人们可以利用网络搜索和积累各种创作素材、创作经验等，还可以通过互联网学习创作需要的各类知识，总结他人智力创作的经验，为自己的创作活动提供全面的支持。

网络的快速发展为人类的智力创作活动提供了便利和可靠支持，这主要从以下三个方面体现出来。

首先，传统文学创作。在网络技术诞生之前，人们进行文学创作往往需要长期积累创作素材，以书写、绘画等方式将脑海中的想法逐步呈现出来，中间往往需要经过多次修改调整，最终才能创作出作品。而进入网络时代后，人们除传统创作方式外，还可以使用计算机进行创作。人们利用网络可以快速、便捷地从海量的信息资料中精准找出创作所需的素材与资料。同时，利用网络技术、计算机技术对作品进行创作和修改也更加便捷，从而使创作思想能够更完整、更快捷地实现。另外，在网络技术的辅助下，作品的发表、传播也更加方便、迅速。

其次，娱乐作品创作。在网络技术的支持下，人们可以在互联网中海量浏览、大量搜寻、精准查找创作所需的资料。电影、音乐等娱乐产业也受到互联网的冲击，视频网站、在线音乐平台和社交媒体等新型娱乐渠道不断涌现，传统娱乐渠道面临挑战。

例如，在创作音乐类娱乐作品时，人们可借助计算机音频编辑工具，从网络中下载音质优等的各类乐器发声插件，将创作的乐谱初稿编辑成曲，再进行调整与修改，最终完成整首乐曲作品的创作；在创作视频作品时，作者可先利用互联网分析当前流行的热点，了解当下常用、好用的拍摄方式和剪辑方式，通过浏览互联网中他人创作的优秀视频脚本学习经验，再自行设计视频脚本，进行视频拍摄和剪辑等艺术创作活动，最终完成视频作品的创作。

最后，科学技术创作。人们利用网络搜索与创作目的相关的资料和经验，利用互联网大数据技术寻找可靠的理论与数据支持，采集创作所需的各项实验数据，用云计算技术建模，检验创作活动的可行性，实现概念模型与详细建模环境的无缝切换，利用互联网技术、物联网技术、人工智能技术、自动化技术甚至3D打印技术等落实创作思想，实现创作理想，完成从创作理念到实物作品的完美呈现。

互联网的应用在一定程度上降低了人们创作的门槛，为人们创作活动的准备与进行提供了便利。另外，人类智力创作成果可以以电子的形式保存和传播，不仅在时间上比传统保存方式更长久，而且其保存质量也非常高，无论保存多少年，作品都能够保持保存之初的样子。在这样的大环境背景中，著作权覆盖的内容类型不断丰富，著作权保护的范围逐渐扩大，保护方式也需要随之调整，以更好地保护网络创作环境，保护人们在互联网环境中的智力创作成果，保护人们的著作权。

二、网络发展使作品的传播更加便捷

网络技术的快速发展和广泛应用加速了人类智力成果的传播。利用网络技术，人们可以将创作完成的作品或者未完成的半成品储存在网络中，如利用电子邮件、局域网、数据库等将作品或半成品上传到网络中保存起来，还可以复制成多份，分别保存，从而避免数据受损、信息丢失。在网络中，人们可以通过各类平台、网站搜寻他人发表的作品，并进行观看，也可以通过网络传播自己的智力创作成果，供他人观看。

在网络普及应用之前，文字作品需要通过大量印刷售卖或分发赠送才能达成作品传播的目的，音频、视频等作品则需要通过电视、广播等传播。而随着科学技术的快速发展与网络技术的广泛应用，所有人都可以向一些公共平台、网站等上传自己的作品，或借阅、购买、复制、下载、转载他人的作品，在此过程中，人类智力成果很容易就可以被频繁、多次地浏览和传播。人们结合自身需要在网络中能够很便捷地查找到想要了解的信息，在这个过程中，人们可以大量接触他人优秀的智力创作成果。在平台、网站等环境中，用户可以以点赞、转发的方式表示对他人智力劳动成果的赞美与支持，同时对他人智力劳动成果进行传播与宣传。若能够得到广泛转载，则对其智力创作成果的传播具有较大的推动作用。

第二节　网络发展给著作权保护带来的挑战

在网络快速发展的背景下，著作权保护面临新的挑战，主要体现在以下三个方面，如图 7-1 所示。

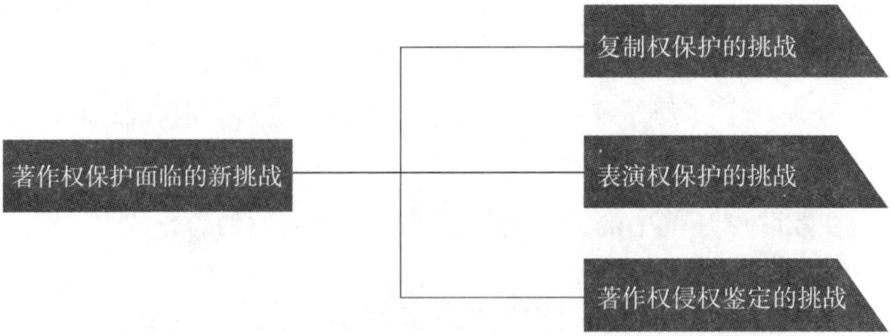

图 7-1　著作权保护面临的新挑战

一、作品复制权保护面临的挑战

随着网络技术的快速发展和互联网的广泛应用，人们在日常生活中依靠网络技术很容易就可以欣赏、点评和传播他人智力劳动成果，而他人的作品在被频繁、多次地复制和传播的过程中，难免会发生作者作品复制权受损的情况。

网络技术的快速发展与广泛应用完全颠覆了传统模式下通过控制复制载体来保护作品著作权的理念。网络技术的存在，不仅影响了作品的创作方式和保存方式，还促进了作品保存形态的多元化，使作品更容易被复制和传播，且能够通过更多途径保存在更多的载体中。利用网络技术复制作品，在不改变作品本质的情况下，不同类型作品在网络环境中的复制和传播差距都会逐渐缩小，且均没有多大损耗，这大大降低了复制与传播成本，如此一来，人们通过互联网可以轻而易举地大量获取和传播版权作品或者这些作品的复制品。

在互联网时代，网络技术虽然为人们的生活带来了便利，也为人们对智力创作成果的创作和传播行为带来了便利，并节约了成本，同时为创作者提供了更加广阔的平台，为每个人都提供了更多的机会进行作品创作、展示和传播。但对于著作权人而言，网络技术的便捷也为其维护自身作品的复制权及其他利益带来了一定影响，尤其是属于合理使用的私人复制行为，并不在著作权人著作复制权的约束范围之内，合理使用之外的私人复制才需要征得著作权人的许可，这就要求著作权人在维权之前要先对他人的复制行为进行仔细的甄别，在私人合理使用范围外、在著作复制权约束范围之内维护自己的权利。但实际上，由于私人复制行为的广泛性与零散性，著作权人无法对私人复制行为一一进行甄别。此外，人们利用网络技术、数字技术对作品进行再创作，可能会对原作者的权利与利益造成严重的影响。

迄今为止，作品在数字网络环境下传播时的复制权问题受到著作权人的普通关注。对此，加大对作品在网络范围中的复制权的保护力度，针对作品在网络环境下的传播建立较为完善的复制行为监控机制和作品复制权保护机制迫在眉睫。

二、作品表演权保护面临的挑战

在网络技术没有出现的传统创作环境和著作权保护环境中，著作权人、出版商及相关利益群体主要通过控制表演作品的方式来保护作品的表演权。但随着网络技术的发达，各类作品的传播范围愈加广泛，以控制作品传播的形式保护作品只能保护作品的复制权，对其表演权的保护意义不大。

由于网络具有较强的虚拟性，很多作者为了更好地保护个人隐私，在网络空间中设置的地址与署名都具有一定的虚拟性，并且，同一个作者可以使用多个名称，不同作者之间使用的署名也有可能恰巧相同。此外，在网络技术与计算机技术的帮助下，作品的再创作基本不会留下痕迹。因此，在网络上传播的作品很容易被演绎，但这种演绎难以确定是否是在其演绎者正当行使权利的情况下产生的，如若演绎者是在非正当行使权利的情况下完成的对原作品的再创作，那么在信息爆炸的网络环境中，尤其在同种类型内容相似的且作品数量众多的网络环境中，更难查找原作品是以什么形式存在的，甚至原作品具体被哪位演绎者浏览、赏阅过都很难一一查明。

在网络环境下，利用网络技术与数字技术对作品进行修改已然非常简单，并且目前已有很多数字作品的创作依赖对原作品的表演和修改，但利用技术进行的修改难以看出痕迹，这是对法律与技术两个方面提出的双重挑战。这种修改无法从再创作作品的载体上分析出其是否属于修改的作品，只能依靠对比原作品来分析和识别。

一方面，基于网络技术与数字技术对原作品再创作、表演的无痕性质，原作品在被广泛传播的过程中，其中的优秀之处总能被广大网友挖掘出来，再加以自己的理解和演绎完成再创，而这一经过再创作而产生的作品也可能会出于种种原因在网络中传播，被其他人继续再创作。演绎者对原作品的再创作难以定性为抄袭、模仿、借鉴、表演还是修改。在这种情况下，原作品的表演权可能会因演绎者的不合理使用而受到一定程度的侵犯，从而对原作者的合法权益造成一定影响。同时，在多次再创作的过程中，后续创作是否在被模仿作品表演权认为合理使用的范畴内，是否对原作品的表演权造成侵犯都需要有严格、明确的鉴定标准和全面的保护制度与措施。

另一方面，无论是修改，还是以其他方式呈现的表演，都有可能对原作品著作权中的表演权、修改权以及保护作品完整权造成影响。在网络环境与数字环境交叠的环境背景中，作品的表演权与修改权、保护作品完整权所保护的范围相重叠。例如，在一些网站中，人们常常能看到一些“鬼畜视频”，而这些“鬼畜视频”大多使用了人们熟知的影视角色和影视元素，将其作为创作素材，并利用专业的剪辑手法和修饰技术，以高速同步、快速重复的素材配合节奏感较强的背景音乐，通过影视角色演绎“魔性”“令人上头”的“段子”，从而达到喜感或洗脑效果。有人认为，这类作品侵犯了原影视作品的表演权、修改权与保护作品完整权；也有人认为，这类作品仅为基于个人学习创作自由的演绎。2018年3月22日，我国国家广电总局发布《关于进一步规范网络视听节目传播秩序的通知》，其中要求“版权要合法合规”，强调视听节目内容的传播应遵循《著作权法》的相关规定，抓取及二次创作等行为必须获得法定授权。

在网络环境中，无论人们以何种方式对他人的作品进行私人的使用与表演，都应严格遵守《著作权法》的相关规定，在法律允许、合理使用的范围内行使自身的合法权益，不侵犯他人的合法权益。而随着网络技术的发展，著作权相关法律的保护还需要与群体利益、文化发展、经济发展等多方面因素维持平衡，在保证作品著作权中的各项权利得到有力保障的同时，促使各界人士积极创作，促进文化交流与繁荣发展。

三、作品著作权侵权鉴定面临的挑战

上面提到，鉴于网络的便捷性，作品在网络中的复制与传播十分方便，成本也非常低廉，人们可以根据自己的需要在网络中广泛搜寻、使用和传播自己需要的知识、资料等，在这一过程中，原作品的复制权、著作权人的合法权益是否被侵犯很难判断。另外，鉴于网络技术与数字技术的虚拟性与便捷性，人们（再创作作品的表演者）可以轻而易举地在他人作品的基础上开展自己的再创作行为，而再创作的作品格式、内容等可能均与原作品有较大差别，且网络中不会保留表演者的再创作痕迹，这都为侵权行为的鉴定增加了一定难度。与此同时，鉴于网络环境中对作品进行私人复制行为的广泛性和零散性，原作者难以一一筛选判断每次的复制行为是否属于合理使用范畴，也难以找出真正意义上不合理使用的行为。这就需要确立作品著作权侵权鉴定标准，快速发展和完善相关鉴定技术、作品复制权保护技术、法律制度，以更全面、更有力地维护著作权人的合法权益。

在网络中传播的作品的复制权难以判断是否被侵犯，一些被再创作的作品也因难以追踪而无法断定原作品的表演权是否被侵犯，即便得到了确切的追踪结果，也难以判断演绎者对原作品的再创作是对原作的修改还是表演，以及是否达到了侵犯作品表演权的程度。

《著作权法》规定，保护作品完整权指保护作品不受篡改、歪曲的权利；修改权指作者自行修改作品或授予他人修改作品的权利。这两种权利相互关联，但在面对网络环境中作品的传播和再次创作时，却并不足以为判断原作品著作权是否被侵权提供充分的支持。

因此，就网络环境中鉴定作品著作权中的各项权利是否真正受到侵犯，作品复制权、表演权、修改权以及保护作品完整权等是否被侵权等问题，迫切需要界限清晰、严格全面的鉴定标准及处理侵权行为的相关办法，网络环境内著作权侵权鉴定及处理机制的构建和完善迫在眉睫。

第八章　网络环境下的著作权法律保护实践

网络环境的快速发展和数字化创作的兴起带来了著作权保护的全新挑战。在这个变革的时代，著作权的保护不再局限于传统方式，还需要结合实践和创新，采取多种手段来应对日益复杂的侵权行为。本章将探讨网络环境下的著作权法律保护实践，包括预防措施、纠纷解决机制、法律实施和社会共治机制。通过深入研究这些方面，人们可以更好地理解并应对网络环境下的著作权保护挑战。

第一节　著作权保护的预防措施

著作权保护的预防措施对于维护创作者和权利人的权益具有重要意义。采取合适的预防措施，可以有效降低著作权侵权的风险，促进创作环境的健康发展。

一、树立著作权意识和保护意识

（一）提高创作者和权利人对著作权保护的认知

提高创作者和权利人对著作权保护的认知是著作权保护的重要一环。通过教育活动和宣传活动，创作者和权利人可以增强对自己作品的著作权意识，充分认识到著作权的重要性和保护需求，从而更主动地参与著作权保护的实践。

教育活动是提高创作者和权利人著作权意识的重要手段。学校、培训机构等教育机构开展著作权教育，向学生、创作者和权利人传授著作权的基本知识、法律规定和保护方法，可以使他们了解著作权的概念、权益和法律保护的重要性。同时，这些教育机构可以引导他们了解著作权保护的现状和面临的挑战，提高他们对著作权保护的关注度和责任感。

宣传活动是提高著作权意识的有效途径。各种媒体渠道（如电视、广播、互联网、社交媒体等）开展著作权宣传，向公众普及著作权的相关知识和法律规定，可以增强公众对著作权保护的认知。宣传活动可以通过案例分析、讲座、展览、宣传片等形式进行，以生动地展示著作权的重要性，引发公众的共鸣和关注。

此外，还可以通过组织专题研讨会、知识产权培训班、座谈会等形式，为创作者和权利人提供更深入的著作权保护知识和实践经验。这些活动可以邀请法律专家、知识产权从业人员和成功案例分享者等参与，并提供具体的案例分析和指导，以帮助创作者和权利人更好地了解著作权保护的法律要求和操作流程。通过教育和宣传活动，创作者和权利人可以提高对著作权保护的认知，更加意识到著作权的价值和保护的重要性。这不仅有助于创作者保护好自己的创作成果，还能促进创作活动的繁荣，推动文化产业的发展，为社会提供更多优秀的作品和知识资源。同时，公众也能更好地尊重和理解著作权，形成良好的著作权保护氛围和法治意识。

（二）强调著作权保护的经济价值和社会价值

强调著作权保护的经济价值和社会价值是提高公众对著作权保护的认知和加大对著作权保护的支持力度的重要途径。例如，向公众解释著作权的重要性，包括激励创作、保护创作者权益、促进文化发展等方面的价值，以提高公众对著作权保护的认知并加大支持力度，进一步加强著作权保护的有效性。

创作是一项创造性的劳动，而著作权的保护能够为创作者提供经济回报。通过确保创作者享有其作品的独占权，著作权保护激励了创作者进行更多的创作和创新活动，推动了文化产业的繁荣发展。著作权的保护也为创作者提供了创收的渠道，使他们能够从自己的创作中获得合理的经济回报，这进一步鼓励和支持了其创作活动。作为文化产业的重要组成部分，著作权保护促进了文化的多样性和创新性，丰富了人们的精神生活。通过保护创作者的权益，著作权保护鼓励了创作者表达自己的思想和观点，推动了艺术、文学、科学等领域的发展。此外，著作权保护也有利于维护社会公共秩序，保护公众利益，防止盗版和侵权行为对社会的不良影响，维护市场的公平竞争和消费者的权益。

向公众普及著作权保护的经济价值和社会价值，可以提高公众对著作权保护的认知和理解程度，使公众更加清晰地意识到著作权保护对创作者和整个社会的重要性，从而形成对著作权保护的支持态度。这种认同和支持将为著作权保护提供更广泛的社会基础和法治环境，进一步加大著作权保护的力度，推动文化产业的繁荣发展，促进社会的文明进步。

二、添加版权声明和标识，使用数字标识技术

添加版权声明和使用数字标识技术是著作权保护中重要的预防措施。这些措施可以有效地明确著作权归属，警示他人不得侵权，并通过数字标识技术提供作品的可追溯性和可证明性，提升权利人的权益保护能力。

（一）添加版权声明和标识

添加版权声明和标识是一种有效的方式，用于向他人表明作品受到《著作权法》的保护，并明确著作权的归属和权益主张。

版权声明可以起到警示作用。在作品上加上明确的版权声明，可以提醒他人未经授权不得使用该作品，以防止侵权行为的发生。版权声明

可以让公众了解作品受到《著作权法》的保护，促使他们尊重著作权，遵守著作权法律法规。在版权声明中标明作者姓名和版权所有人的信息，可以确立作品的权益主体和权利归属，这对于维护作者的权益和权利主张非常重要。同时，标明创作日期也可以为后续的权利维护提供时间依据，保护作者的权益。此外，在作品中添加版权声明，可以提升作品的知名度和市场价值。公众对于有版权声明的作品会更加尊重和重视，这有利于提升作品的商业价值和市场竞争力。

为了确保版权声明的有效性，建议在作品的首尾部分、封面、首页或相关页面的显著位置加入文本形式的声明。版权声明应当清晰明了，包括作者姓名、创作日期和版权所有人信息。此外，还可以考虑使用版权标识，如 © 符号和版权标识图案，以进一步强调作品的版权保护。

添加版权声明和标识，可以明确作品的版权归属和权益主张，警示他人未经授权不得使用该作品，同时有助于作品的宣传和推广。这样做可以更好地保护作者的权益，维护良好的创作环境，促进文化的繁荣发展。

（二）使用数字标识技术

使用数字标识技术是一种有效的方式，可以帮助权利人在作品中嵌入隐藏的版权信息，以实现作品的标识和追踪，维护权利人的合法权益。

1. 证据保全

证据保全是一项重要的措施，可以通过数字标识技术得到有效实现。数字水印或数字签名等技术可以嵌入作品，为权利人提供不可篡改的证据，从而确保其作品的归属和权益主张能得到法律的保护。当权利人面临侵权纠纷时，这些数字标识可以作为强有力的证据，为其提供法律支持。数字标识技术，可以确保作品的原创性和独立性得到认可，防止他人对作品进行盗用、篡改或未经授权的使用。这为权利人维护自身权益提供了便利，同时促进了知识产权保护的有效实施。数字标识技术的应用为证据保全提供了新的途径，加强了知识产权领域的法律保护。

2. 可追溯性

数字标识技术在保护知识产权方面的另一个重要作用是具有可追溯性。将数字水印或数字签名等标识嵌入作品，可以追踪作品的传播和使用情况。当作品在网络或其他媒介中传播时，数字标识可以被解码和识别，从而确定作品的来源和使用路径。这使得权利人能够及时了解作品的使用情况、发现侵权行为并采取相应的法律行动。可追溯性不仅可以起到预防侵权的作用，还可以为侵权纠纷的调查和解决提供重要的证据。总之，数字标识技术的应用，可以加强对作品的追踪和监控，维护权利人的合法权益，促进公平竞争和创新发展。

3. 防止未经授权的使用

数字标识技术在保护知识产权方面的又一重要作用是能防止未经授权的使用。将独特的标识信息嵌入作品，可以追踪和识别未经授权的复制、传播和使用行为。当作品被盗用或未经授权使用时，数字标识可以被解码和识别，从而揭示侵权行为的发生和侵权人的身份。这为权利人提供了有力的证据，使其能够采取相应的法律措施有效打击侵权行为。数字标识技术，可以有效地防止作品未经授权的使用，维护权利人的合法权益，促进创作活力和创新环境的良性发展。可以说，数字标识技术为防止作品未经授权的使用提供了一种有效的手段和保障。

4. 维护权利人权益

数字标识技术在维护权利人权益方面发挥着重要作用。嵌入数字水印、数字签名等标识信息，可以有效防止作品被篡改或冒名使用。这种技术能够确保作品的完整性和真实性，在数字环境中为权利人提供适当的保护。权利人可以通过数字标识来证明作品的原创性和归属，维护自身知识产权的合法权益。当作品被盗用、恶意篡改或冒名使用时，数字标识可以作为确凿的证据，支持权利人采取法律行动，维护自身权益。此外，数字标识技术还可以帮助权利人保护自身的声誉。总之，数字标识技术的一项重要任务是维护权利人权益，它为权利人提供了强有力的工具，确保了权利人作品能得到合法保护并获得应有的尊重。

5. 增加作品的价值

数字标识技术的应用可以为作品增加价值和市场竞争力。作品中嵌入明确的数字标识，如版权标识和防护措施，可以有效地证明作品的合法性和权益归属。这使得作品在市场中更容易受到认可和信任，从而为权利人创造了更多的商业机会和价值。拥有清晰的数字标识不仅可以提高作品的知名度，还可以减少侵权和盗版的风险，进一步保护权利人的利益。在商业交易中，有明确数字标识的作品更容易进行授权、许可和合作，这增加了作品的商业化潜力和市场吸引力。因此，数字标识技术为作品赋予了更多的保护和认可，增加了作品的价值。

三、采取技术保护措施

通过采取技术保护措施，著作权人可以有效防止未经授权的复制、传播和使用，维护作品的完整性和自身的权益。这些技术手段为著作权保护提供了有力的工具和解决方案，使著作权人能够在网络环境下更好地管理自己的作品。

（一）数字水印技术

数字水印技术是一种在作品中嵌入不可见或难以察觉的唯一标识的技术。将数字水印嵌入作品内容，如图像、音频或视频文件，可以实现对作品的识别和追踪。著作权人可以嵌入自己的标识信息，从而在作品被未经授权复制或传播时追踪侵权行为。数字水印技术不影响作品的观赏或听觉体验，其提供了一种有效的手段来防止未经授权的复制和传播。

数字水印可以分为可见水印和不可见水印两种类型。可见水印是指将标识信息以可见的形式嵌入作品，如在图像或视频中加入文字或图形水印。这种水印可以被直接观察到，是为了提醒观众注意作品的著作权归属和使用限制。不可见水印是指将标识信息以不可见或难以察觉的方式嵌入作品，如微调图像的像素值或调整音频的频谱特征。这种水印不会干扰作品的原始内容，但可以通过专门的解码软件或算法来提取和识别。

数字水印技术作为一种著作权保护和作品标识的手段，具有多个优点。

1. 隐蔽性

数字水印可以以不可见或难以察觉的方式嵌入作品，不会干扰作品的观赏或听觉体验。这使得作品可以在保持原貌的同时获得著作权保护。

2. 唯一性

每个数字水印都是独一无二的，可以用来标识特定的作品或著作权人。这种唯一性有助于确定作品的归属，维护著作权人的合法权益。

3. 难以篡改

数字水印通常采用加密或验证算法来保护水印的完整性，防止未经授权的修改或删除。即使作品被复制或传播，数字水印仍然能够保持其完整性和可验证性。

4. 高效性

数字水印可以在大量作品中批量应用，快速实现著作权信息的标识和保护。这种高效性使得数字水印成为大规模作品管理和著作权保护的有效工具。

5. 不可移除性

数字水印通常会嵌入作品内容，而且不受作品复制或传播的影响，不易被移除或破坏。即使作品经过多次复制或传输，数字水印仍然能够存在并保持其可辨识性。

这些优点使得数字水印成为一种广泛应用于著作权保护领域的技术。数字水印技术为著作权人提供了一种有效的手段来保护作品的著作权，它能够追踪侵权行为，并提供证据支持，在数字环境中起到了重要的作用，维护了著作权人的合法权益，促进了公正的数字内容交易和传播。

（二）加密与访问控制

加密与访问控制是一种重要的技术手段，用于保护作品的内容免受未经授权的访问和使用。采用加密算法，可以将作品的内容转化为密文，而只有经过授权的用户才能解密并访问作品的原始内容。同时，访问控制机制可以对作品的访问进行限制，确保只有获得授权的用户才能获取作品的内容。加密与访问控制可以防止作品未经授权的复制、传播和篡改，从根本上保护著作权人的合法权益。

加密技术使用密码学算法，将作品的内容转化成了不可读的密文。只有具备相应解密密钥的用户才能将密文转化为可读的明文。这样，即使作品被未经授权的人获取，其内容也无法被理解和使用。加密技术可以应用于各种类型的作品，包括文本、图像、音频和视频等。它是著作权人保护作品内容免受非法访问和使用的强大工具。访问控制是指对作品的访问进行控制和管理。制定访问策略和权限规则之后，只有经过授权的用户才能获得对作品的访问权限。访问控制可以基于用户身份、用户组织、时间限制、地理位置等因素进行设置。例如，只允许特定用户或特定用户组织在特定时间段内访问作品，或者限制作品只能在特定地理位置范围内访问。这种方式可以有效防止未经授权的用户获取和使用作品。

加密与访问控制的结合可以为著作权人提供更全面的内容保护。加密技术确保作品在传输和存储过程中的机密性，而访问控制确保只有经过授权的用户才能够获取作品的内容。这种双重保护机制有效地防止了未经授权的访问和使用，保护了著作权人的合法权益和作品的完整性。同时，加密与访问控制技术也可以为数字内容提供更安全、更可信的交易和传播环境，促进数字内容产业的健康发展。

（三）数字版权管理

数字版权管理（DRM）是一种综合性的技术手段，用于管理和保护数字内容的著作权。它通过采用多种技术手段和控制措施，确保数字内容在传输、存储和使用过程中能受到适当的管理和保护。数字版权管理的主要功能如下。

1. 授权管理

授权管理是数字版权管理的重要功能之一。数字版权管理可以帮助著作权人对作品进行精确的授权管理，以确保只有经过授权的用户才能合法使用作品。通过系统的授权功能，著作权人可以设定不同的权限级别和许可条件，从而灵活控制作品的使用范围和使用方式。

著作权人可以在系统中指定特定用户或组织，并为其授予相应的权限。这些权限可以包括完全访问、部分访问或只读访问等不同级别，也可以设定有效期限和使用条件。通过精确的授权管理，著作权人可以确保作品仅在授权范围内被使用，能有效防止未经授权的侵权行为。

数字版权管理的授权管理功能为著作权人提供了较大的权益保护和较强的控制能力。著作权人可以根据作品的特性和商业需求，制定不同的授权策略，包括授权给特定用户、机构或平台，设定授权期限和地域限制等。这样一来，著作权人就可以更好地管理作品的使用权，确保自身合法权益得到维护，并更好地实现作品的商业化利用。

2. 权限控制

权限控制是数字版权管理的关键功能之一。数字版权管理通过采用加密、许可证、数字水印等技术手段，实现了对作品的访问控制和使用限制，以保护作品的完整性和著作权人的合法权益。

通过数字版权管理系统，著作权人可以设定不同的权限级别和许可条件，对作品进行精确的控制。系统可以对作品进行加密，确保只有授权用户能够解密和访问作品的内容。此外，系统还可以生成许可证或授权码，用于验证用户的合法身份和使用权限。这种权限控制机制可以防止作品未经授权的复制、传播和篡改，维护作品的完整性和原始状态。

数字水印技术也是权限控制的重要手段之一。通过将数字水印嵌入作品，著作权人可以在作品被复制或传播时识别来源并进行追踪，防止未经授权的使用。数字水印技术可以为作品提供追溯性和证据保全，有效地保护著作权人的合法权益。

3. 使用追踪

使用追踪是数字版权管理的另一个重要功能。数字版权管理可以监测和追踪作品的使用情况，记录使用者的访问记录和行为，为著作权人提供有关作品使用的详细信息。

通过使用追踪功能，著作权人可以了解作品在数字环境中的使用情况，包括使用者的身份、访问时间、使用方式等。这有助于著作权人实时监测作品的传播和使用情况，及时发现潜在的侵权行为。当发现有未经授权的使用或侵权行为时，著作权人可以及时采取相应的措施进行维权，从而保护自身的合法权益。

使用追踪功能可以通过不同的方式实现，如使用日志记录、用户访问统计、数字水印解码等技术手段。这些技术可以帮助著作权人获取准确和详尽的使用信息，为维权提供有力的证据。

4. 商业化运营

商业化运营是数字版权管理的重要功能之一。数字版权管理为著作权人提供了销售、分发和许可管理等商业化运营功能，可以实现作品商业价值的最大化。

通过数字版权管理，著作权人可以管理作品的销售渠道和分发途径。数字版权管理可以提供在线商店、数字内容平台等销售渠道，使得作品更便捷地面向用户。著作权人可以设定不同的定价策略、销售模式和许可方式，并根据市场需求和作品特性灵活调整。这样一来，著作权人就可以更好地控制作品的商业化运作，实现经济利益的最大化。

除了销售和分发，数字版权管理还提供了许可管理功能。著作权人可以在数字版权管理中设定不同的许可条件和使用规则，只为合作方或授权用户提供合法的使用许可。这使得著作权人可以灵活地进行授权管理，包括合作授权、独家授权、区域限制等，进一步开拓商业化运营的机会。

数字版权管理的商业化运营功能为著作权人提供了便捷和可控的机制，实现了作品商业价值的最大化。通过管理销售、分发和许可等环节，著作权人能够更好地实现作品的商业化运作，从而推动创作产业的发展。数字版权管理不仅对著作权人具有重要意义，也为用户提供了更多优质的数字内容选择。

数字版权管理在数字内容产业中起着重要的作用，它既保护了著作权人的合法权益，又为用户提供了合法、便捷的使用途径。然而，数字版权管理也面临一些挑战，如平衡著作权保护和用户权益、保障技术安全性等方面的问题。因此，在法律、技术和商业模式等方面进行综合考虑，建立一个有效、可持续的数字版权管理系统是十分必要的。

四、建立合理的使用制度和授权管理机制

建立合理的使用和授权制度，可以实现创作与使用之间的平衡，保护著作权人的权益，同时可以鼓励创新和知识的分享。

（一）建立合理的使用制度

建立合理使用制度是确保著作权保护与用户权益之间的平衡的重要措施，其主要做法应当符合以下要求。

1. 明确界定

对合理使用进行明确定义，并根据国家和地区的法律框架制定具体的准则。这可以包括规定非商业、教育或研究目的的使用是否被视为合理使用，以及确定适用的条件和限制。

2. 提供教育和培训

向用户提供关于合理使用的教育和培训，使其了解能何时以及如何在合理使用的框架内使用受保护的作品。这可以通过公共教育活动、宣传和指南等方式实现，以提高用户对著作权保护和合理使用的认知。

3. 设定系统保护措施

数字版权管理可以用于限制用户访问和使用受保护的作品，以确保

用户的使用行为符合合理使用原则。这可以包括许可证管理、数字水印、数字签名等技术手段，从而保护作品的完整性和控制使用的范围。

4. 强调公共利益

在建立合理使用制度时，需要考虑公共利益的因素。合理使用的原则是确保著作权制度能在促进创作和创新的同时，允许社会成员合理使用作品，如学术研究等。因此，公共利益应作为建立合理使用制度的重要考虑因素之一。

建立合理使用制度旨在促进著作权保护与用户权益之间的平衡，并通过明确界定、教育培训、系统保护措施和强调公共利益，为用户提供合理使用作品的框架，并确保著作权人的合法权益得到保护。同时，合理使用制度也为文化创意产业和社会创新提供了灵活的发展空间。

（二）建立合理的授权管理机制

授权管理机制通过建立明确的授权协议、保护著作权人的权益和提供便捷的授权申请流程，可以有效管理作品的使用权，并促进著作权人和使用者之间的良好合作。同时，它还有助于维护著作权人的合法权益，鼓励创作活动的进行，并为用户提供合法使用作品的机会。

1. 明确授权协议

授权协议应明确规定用户对作品的具体使用方式和范围。授权协议应详细说明使用的目的、使用的时间、使用的地域范围以及是否可以对作品进行修改等。明确授权协议，可以确保双方对授权范围的理解一致，从而避免后续的纠纷和不必要的争议。

2. 保护著作权人合法权益

授权管理机制应确保著作权人拥有对其作品的控制权。著作权人有权拒绝或限制对其作品的使用，并可以随时撤回已给予的授权。维护著作权人的合法权益，可以提高创作者的创作积极性和创新能力。

3. 便捷的授权申请流程

授权申请流程应简单、透明且便捷，使著作权人和使用者之间的沟通和交流更顺畅，以确保双方的利益和需求得到平衡。建立一个简化的授权申请流程可以降低使用者获取授权的成本和难度，提高合法使用作品的便利性。

第二节　著作权纠纷的解决机制

著作权纠纷的解决机制是维护创作者和权利人权益的重要保障。在网络环境下，建立高效的纠纷解决机制，能够快速、公正地解决著作权纠纷，维护著作权人创作和创新的积极性。

一、司法途径

著作权人或相关权利人在发现著作权被侵犯后，有权向人民法院提起诉讼。这一机制的有效性取决于司法体系的公正、公平和效率。因此，司法能力需要得到进一步强化。进一步强化司法能力并提高司法途径有效性可以从以下五点进行。

（1）强化司法能力。为了应对日益复杂的著作权侵权案件，需要提高法官和法律人员的专业素养和知识水平，特别是了解和应用相关知识产权法律方面。培训和教育计划可以帮助司法人员提升自身的专业能力，以更好地处理著作权侵权案件。

（2）网络侵权证据的获取和鉴定。网络侵权案件的特点是证据的获取和鉴定相对困难。建立规范的证据收集程序和技术手段，培训相关专业人员，加强数字取证能力，可以有效解决这个问题。

（3）网络侵权认定的标准。在网络环境下，侵权行为可能具有复杂性和多样性。为了准确判断侵权行为，需要制定明确的侵权认定标准，以确保判决的公正性和一致性。

（4）赔偿标准的确定。在侵权行为发生后，赔偿标准的确定对受侵权的著作权人至关重要。制定合理、公正和适用的赔偿标准，既可以保护著作权人的合法权益，又可以对侵权人起到威慑的作用，减少侵权行为的发生。

（5）设立专门的知识产权法院或开展网络法庭。借鉴国际经验，在特定的地区设立专门的知识产权法院或开展网络法庭，可以提高著作权侵权案件的审理效率和专业性。这些专门机构可以聚焦处理知识产权案件，提供更高效、专业和专注的司法服务。

总之，强化司法能力，确立明确的标准和程序，并借鉴国际经验设立专门机构，可以进一步加强司法途径在著作权保护中的作用，为著作权人提供更有力的法律保护。

二、行政途径

著作权行政管理部门对网络著作权的侵权行为具有行政处罚权。这一途径相对较快，但是对于复杂的网络著作权问题，其也可能因为权威性、专业性等问题而受到挑战。因此，如何提高行政执法的专业性和公信力，是行政途径能否有效解决著作权纠纷的关键。以下是提高行政执法专业性和公信力的措施。

（1）建立专业的著作权行政管理部门。确保著作权行政管理部门具备专业的知识产权专家和执法人员，并且他们熟悉相关法律法规，了解著作权保护的最新发展和技术变化。同时，建立定期培训和专业发展计划，提高执法人员的专业能力和素质。

（2）加强合作与信息共享。著作权行政管理部门应与其他执法机构、行业协会、权利人组织等建立紧密的合作关系，加强信息共享和资源整合。这样可以形成合力，共同打击网络著作权侵权行为，提高执法的效果和专业性。

（3）加强执法监督和评估。建立健全的执法监督机制，对著作权行政管理部门的执法活动进行定期评估和监督，确保执法的公正、透明和合法性。同时，著作权行政管理部门要接受社会监督和公众投诉，及时处理和回应相关问题，增强公众对行政执法的信任和支持。

（4）提高行政处罚力度和效果。加大对侵权行为的行政处罚力度，确保侵权人承担应有的法律责任。同时，加强对处罚执行的监督和跟进，确保处罚决定得到有效执行，为著作权人提供实际的保护和救济。

（5）加强宣传与教育。加强宣传与教育，可以提高公众对著作权保护重要性的意识。例如，向公众解释著作权的法律原则和侵权行为的危害，鼓励公众自觉遵守《著作权法》，从而形成全社会共同维护著作权的良好环境。

以上措施可以提高行政途径在著作权保护中的专业性和公信力，加大著作权行政管理部门对网络著作权侵权行为的打击力度，有效解决著作权纠纷案件，为著作权人提供更有力的保护。同时，行政途径与司法途径相互配合，形成多元化的著作权保护体系，能够更好地维护著作权人的合法权益。

三、网络平台的自我调节

网络平台是连接内容创作者和用户的重要渠道，因此，网络平台在著作权保护中发挥着关键作用。一方面，网络平台需要建立健全的著作权投诉和处理机制，以便及时对侵权行为进行处理和制止。例如，设立便捷的著作权人投诉途径，或者采用技术手段进行著作权保护，如内容识别技术等。另一方面，网络平台还应当承担教育用户尊重著作权、使用正版内容的责任，通过各种方式提高用户的著作权意识。

（一）建立投诉处理机制

网络平台应建立投诉处理机制，设立便捷的投诉渠道，允许著作权人和权利人代理向平台提交侵权投诉，并及时处理和制止侵权行为。网络平台可以设立专门的著作权部门或者著作权管理团队，由他们负责处理投诉并与著作权人沟通协作。

（二）采用技术手段进行著作权保护

网络平台可以利用先进的内容识别技术，如音视频指纹识别、图像识别等，自动检测和过滤侵权内容。这些技术可以帮助平台及时发现侵权行为，并防止未经授权内容的传播。

（三）加强用户教育

网络平台应当加强用户教育，提高用户对著作权的尊重和认知。网络平台可以通过发布与著作权相关的宣传资料、提供正版内容推荐、举办著作权保护主题活动等方式，引导用户合法使用并支持正版内容。

（四）合作与共享最佳实践

网络平台可以积极与权利人组织、行业协会以及其他平台开展合作，共同制定行业准则，共享有效的著作权保护策略，推动整个行业的著作权保护水平的提高。

（五）监测和追踪侵权行为

网络平台应建立监测和追踪侵权行为的机制，及时发现和记录侵权行为并将之作为证据。这样可以为著作权人追索侵权责任提供依据，并有助于形成更加严谨的证据链。

通过以上措施，网络平台可以加强著作权保护工作，有效应对侵权行为，为著作权人提供更好的保护和支持。同时，网络平台的自我调节也有助于塑造一个积极、健康的网络环境，促进文化创新性发展。

第三节　著作权保护的法律实施

著作权保护的法律实施是确保著作权得到有效保护的基础。加强执法机构的监管力度，加大刑事处罚力度，完善法律法规，将有助于构建良好的著作权保护环境，推动创作者进行创作与创新。

一、加强执法机构的监管力度

网络环境下，由于侵权行为的隐蔽性和复杂性，加大著作权行政管理部门的执法力度是十分必要的。执法机构不仅需要积极调查和打击明显的侵权行为，也要关注那些以技术手段掩盖的侵权行为。此外，执法机构也需要配合技术企业和研究机构，运用最新的技术手段（如大数据和人工智能等）来进行侵权行为的监控和预防。

（一）积极调查和打击侵权行为

在网络环境中，侵权行为表现出了全球化和快速传播的特点，对此应给予高度关注。全球化意味着侵权行为可能会在任何地方发生，并且涉及的著作权人和侵权人可能来自全球各地，这就对执法机构的跨境执法能力提出了更高的要求。快速传播则意味着侵权行为一旦发生，其影响就可能在短时间内快速扩散，侵犯著作权人的合法权益，对著作权人造成重大损害。

在这种情况下，执法机构必须提高警惕，加强对网络侵权行为的监测和调查。监测是发现侵权行为的第一步，需要运用各种手段，包括但不限于使用专门的网络监测工具、建立信息共享机制等，对网络环境进行全方位、全时段的监测。一旦发现可能的侵权行为，就需要立即启动调查程序，查明事实，收集证据，确定侵权行为是否确实存在。一旦确认存在侵权行为，执法机构就需要尽快采取行动，对侵权行为进行打击。打击侵权行为的方式有很多，包括但不限于责令停止侵权、删除侵权内容、对侵权人进行罚款或者刑事处罚等。在选择打击方式时，执法机构需要考虑到侵权行为的性质、严重程度、影响范围等因素，选择合适、有效的方式。

所有这些措施都是为了保护著作权人的合法权益，维护网络环境的正常秩序。只有通过有效的监测、调查和打击，才能让侵权人明白侵犯著作权的后果，从而达到预防和遏制侵权行为的目的。同时，这也能让著作权人看到执法机构对著作权保护的决心和能力，从而增强他们的信心，激发他们的创作热情。

（二）关注以技术手段掩盖的侵权行为

网络环境下的侵权行为具有独特的复杂性。一些侵权人为了规避法律监管，会使用各种技术手段来掩盖自身的侵权行为。这种现象给著作权的法律保护带来了新的挑战。

一些侵权人会利用代理服务器和虚拟专用网络（VPN）等技术手段进行网络侵权行为。代理服务器可以帮助用户隐藏其真实的网络地址，从而在一定程度上规避执法监管；而虚拟专用网络可以帮助用户在网络中创建一个加密的通道，使得用户的网络行为难以追踪。这些技术不仅可以帮助侵权人隐藏自身，也使得执法机构对侵权行为的发现和证明变得更为困难。对此，执法机构需要了解这些技术的工作原理，具备相应的技术能力，这样才能有效地追踪和揭露侵权行为。这就需要执法机构不断地更新知识和技能，以跟上技术的发展。例如，执法机构可以通过培训或者与技术专家合作的方式，来提高自己的技术能力。同时，执法机构也需要发展新的执法方法和手段，以适应网络环境下的新情况。例如，执法机构可以尝试运用大数据和人工智能等新的技术手段，来对侵权行为进行监测和分析，以提高执法的效率和效果。

总之，网络环境下的侵权行为对执法机构提出了新的执法挑战，需要执法机构积极应对，通过提升自身的技术能力和发展新的执法手段，有效地保护著作权人的权益。

（三）与科技企业和研究机构合作

与科技企业和研究机构合作对于著作权保护具有重要意义。合作可以促进技术的应用和创新。通过与科技企业和研究机构合作，执法机构能够利用新的技术手段来监控和预防网络侵权行为，如利用大数据分析和人工智能算法开发自动化的著作权识别和侵权监测系统。这将提高执法机构对侵权行为的发现能力和处理效率，从而有效保护著作权人的合法权益。

合作可以实现资源共享和专业知识的交流。科技企业和研究机构拥有丰富的数据资源和专业知识，在著作权保护领域具有独特的优势。科技企业和研究机构可以与执法机构共享数据，提供分析和预测侵权行为的方法，并为执法机构提供培训和指导，提升执法机构对著作权保护的理解和应对能力。这种合作将有效提高执法机构的执法能力和水平，使之更好地应对不断变化的著作权保护挑战。

与科技企业和研究机构的合作在著作权保护中发挥着关键作用。通过合作，执法机构能够借助先进的技术和专业知识，提高对侵权行为的监测、预防和打击能力，实现更全面、高效的著作权保护。这不仅有助于保护著作权人的合法权益，也可以促进创作产业的可持续发展。

（四）建立和完善执法机制

网络环境下的著作权保护需要一个健全、有效的执法机制。侵权行为的复杂性和技术性，尤其是网络环境下的匿名性和跨地域性，使得传统的执法方法往往难以适用，这就需要执法机构建立和完善相关的执法机制。

执法指南是指导执法行为的重要依据，明确规定了执法行为的程序和标准。但在网络环境下，执法指南需要考虑到网络侵权行为的特殊性。例如，如何确定网络侵权行为的发生地，如何收集和保存网络证据等。同时，执法指南还需要反映出对侵权行为的零容忍态度，明确规定侵权行为的法律责任，以起到震慑侵权人的作用。网络侵权行为的特殊性，要求执法人员必须具备一定的网络知识和技术能力。因此，执法机构需要定期组织专门的培训，提高执法人员的专业素质，使他们能够应对各种复杂的网络侵权行为。

多部门的协作机制也是提高执法效果的重要手段。网络侵权行为涉及的问题多而复杂，需要不同部门相互协作来共同应对。例如，对于跨国的网络侵权行为，可能需要司法部门、公安部门、通信管理部门等多个部门协作。执法机构需要建立起有效的协作机制，以便在遇到复杂的网络侵权行为时，能够迅速、准确地进行执法。

建立和完善执法机制是网络环境下著作权保护的重要保障。只有通过制定执法指南、提供专门的培训、建立多部门的协作机制等方式，才能提高执法的有效性，更好地保护著作权人的合法权益。

（五）提升公众的法律意识

提升公众的法律意识是预防和减少侵权行为的重要环节。执法机构有责任通过公众教育活动，让公众明白著作权的重要性，理解侵犯著作权的严重性，从而自觉尊重和保护著作权。

执法机构可以通过媒体和网络平台，发布关于著作权保护的知识和信息，帮助公众了解著作权的基本知识，学会识别网络环境下可能出现的侵权行为。例如，什么是合法的网络使用行为，什么行为可能构成侵权，如何保护自己的著作权，如何尊重他人的著作权等。执法机构可以举办各种主题的公众教育活动，如著作权保护周、著作权知识讲座等，通过直接的交流和互动，提高公众的法律意识。这些活动可以针对不同的群体，如学生、网络用户、企业等，根据他们的特点和需要，设计不同的内容和形式。

执法机构还可以与学校、社区、企业等合作，将著作权教育融入日常的教育和培训，让公众在日常生活中也能接触到著作权的知识，增强他们的法律意识。此外，执法机构还需要积极回应公众关心的问题，如网络上出现的著作权争议和疑问，及时发布权威的解读和指导，消除公众的误解和疑虑，增强公众对法律的信心。

总之，提升公众的法律意识是一个系统的工程，需要执法机构与各方共同努力，从多个层面和角度进行，以期达到预防和减少侵权行为、维护良好的网络环境的目的。

二、加大刑事处罚力度

加大刑事处罚力度对于保护著作权的重要性不言而喻。随着网络环境中著作权侵权行为的增多，仅依靠行政处罚和民事赔偿难以达到预期的效果。因此，加大刑事处罚力度显得尤为必要。

首先，严厉的刑事处罚对于严重、有预谋的侵权行为具有强烈的震慑作用。刑事处罚所带来的法律责任和刑罚威慑力超过了行政处罚和民事赔偿。这样的处罚不仅能够惩罚侵权人，更能让潜在的侵权人深思其行为可能带来的严重后果。这种震慑作用，可以有效遏制侵权行为，维护著作权人的合法权益。

其次，严厉的刑事处罚也是尊重与保护创作和创新的一种表达。创作和创新是社会发展的重要动力，尊重与保护创作和创新是社会文明进步的必要条件。通过加大对侵权行为的刑事处罚，社会可以表达对创作者权益的尊重与保护，进一步激励创作者积极投身于创作和创新的活动。

此外，刑事处罚与行政处罚、民事赔偿形成了相互配合、相互补充的关系。行政处罚和民事赔偿可以解决部分侵权问题，但对于那些有预谋、恶意的侵权行为，仅依靠行政处罚和民事赔偿往往难以达到预期的效果。这时，刑事处罚的作用就显得尤为重要。严厉的刑事处罚，可以更好地震慑和阻止侵权行为，从根本上保护著作权人的合法权益。

加大刑事处罚力度是有效防止网络环境下著作权侵权行为的重要手段。同时，刑事处罚应与行政处罚和民事赔偿相互配合，形成有力的制约和威慑作用，共同构建良好的著作权保护环境。只有综合运用各种手段，才能更好地保护著作权人的合法权益，促进其积极地进行创作和创新。

三、完善法律法规

完善法律法规是应对网络环境下著作权问题的关键一环。网络技术日新月异，由此带来的挑战也不断发生变化，同时，现有的法律法规可能无法完全涵盖所有的问题，因此需要进行定期的修订和完善，以便更好地保护著作权。

在确定何为侵权、何为合法使用方面，法律应有明确的规定。例如，法律可以规定什么样的网络使用行为构成侵权，如未经著作权人许可的复制、传播等行为。同时，法律也应明确规定合法使用的范围，也就是何时可以在不侵犯著作权的情况下使用他人的作品，如用于学术研究、新闻报道等。

对于网络平台的责任，法律也需要有明确的规定。例如，网络平台应该在何种情况下对用户的侵权行为负责，应采取何种措施预防侵权行为，如何处理收到的著作权投诉等。这些规定可以帮助网络平台明确自己的责任，同时为著作权人提供维权的途径。对于侵权行为的赔偿，法律需要有明确的计算和判定机制。例如，法律可以规定如何计算侵权行为的损害赔偿，如何证明侵权行为造成的损失，如何判定和执行赔偿判决等。这些规定可以使侵权行为的处理更加公正、公平，同时能更好地保护著作权人的合法利益。

随着网络环境的不断发展，法律法规的完善对于著作权保护越来越重要。不仅要对新出现的问题做出回应，还要对已有规定进行修订，以确保法律法规的及时性和有效性。

四、构建良好的著作权保护环境

构建良好的著作权保护环境是一个全面而深入的工作，其意义远超简单地保护创作产生的权益，它关乎整个社会的创新活力和文化繁荣。

尊重与保护著作权可以激励创作者安心创作。当创作者知道他们的精心创作不会被非法复制和传播，他们会更有动力地投入创作。这不仅可以提高创作的数量，还可以提升创作的质量。对于创作者来说，他们的努力得到了应有的回报，这对于激发和维持他们的创作热情至关重要。

用户可以在这样的环境中享受到更多、更高质量的作品。当著作权得到有效保护，创作者可以安心创作，将促使更多优秀的作品面世。而这些作品无疑将丰富用户的生活，满足他们的文化需求，提升他们的生活质量。

良好的著作权保护环境也有利于推动文化的创新和繁荣。文化是一个国家、一个民族的灵魂，是社会发展的源泉。只有在尊重与保护创作的环境中，文化才能实现真正的创新和繁荣。良好的著作权保护环境是推动文化创新和繁荣的重要条件。

良好的著作权保护环境也有利于促进社会的和谐和进步。尊重与保护著作权，实际上就是尊重与保护每一个人的智慧和努力。这是社会公正的重要体现，也是社会进步的重要标志。只有在这样的环境中，人们才能真正实现自我价值，社会才能实现健康可持续发展。

构建良好的著作权保护环境，需要法律的完善、执法的强化，还需要社会公众的理解和支持。只有这样，才能形成一个真正尊重与保护著作权的环境，才能推动社会文化的创新和繁荣，促进社会的和谐和进步。

第四节　著作权保护的社会共治机制

网络环境下著作权保护的社会共治机制是一个涉及多个参与者共同维护和推进的系统，包括政府部门、著作权人、网络服务提供者以及公众。

一、政策法规的建立和完善

网络环境下的著作权保护，离不开政策法规的建立和完善。对于政府而言，著作权保护的关键在于通过不断的法律修订和新法的制定，为网络环境下的著作权保护提供清晰的指引和规范。

在全球化和数字化的趋势下，陈旧的著作权法律法规可能无法充分应对新出现的挑战。因此，政府需要通过修订和完善相关法律法规，使之满足现代社会的需求。这可能包括制定针对数字作品的新著作权法律法规，对网络环境下的侵权行为制定更具体和严格的规定等。

然而，仅仅建立完善的法律法规并不足以解决所有的问题，还需要制定具有现实执行力的在线侵权责任法规。这种法规应明确规定对侵权行为的惩罚，并规定网络服务提供者对著作权保护所负有的责任。这样的责任可能包括建立有效的“通知—删除”等处理机制，以便在发现侵权内容后迅速采取行动。除此之外，政府还可以制定关于著作权保护的实施细则或行政指导，为相关机构和个人提供清晰的操作指南。这样可以使法规更具有操作性，并减少执行过程中的不确定性。

在保护著作权的同时，政府也需要在法律中找到平衡，制定公平使用的规定，以促进文化和知识的共享，同时鼓励创新，如允许对已有作品进行合理利用，以创作新的作品。政府还需要进行著作权法律法规的宣传和教育，提高公众对著作权法律法规的认知，营造尊重著作权的社会氛围。无论是通过组织公益活动，制作宣传资料，还是在学校中设立相关课程，这些方式都可以提升公众的法律意识。

政府在网络环境下的著作权保护中起到了至关重要的作用。法规的不断更新、责任的明确设定，以及对公众的教育和指导，这些都是确保著作权得到有效保护的重要组成部分。

二、网络服务提供者的责任

网络服务提供者在网络环境下的著作权保护中扮演着重要角色。作为互联网内容主要传播途径的提供者，他们的行为直接影响着著作权的保护。

遵守相应的法律规定是网络服务提供者应尽的基本责任。只有在法律框架的指引下，才能确保自身的行为符合法规，有效避免可能的侵权行为。这不仅仅包括对用户上传内容的管理，也包括对自身商业行为的自我约束。

除了法律规定，网络服务提供者还需要通过技术手段和行政管理措施有效预防和处理著作权侵权行为。这种责任体现在他们要不断探索和引入新的技术，如AI识别、区块链等，用于预防、检测和管理侵权内容。技术手段的引入并不能完全取代人工审核，因此，在人工审核方面也需要加大力度，尤其是对于用户举报的侵权内容，应及时进行审查，并依法采取措施。

建立有效的内容审查机制，及时删除侵权内容是网络服务提供者的另一项重要责任。他们需要及时响应权利人和用户的举报，一旦确认存在侵权情况，就应立即删除相关内容。此外，他们还需要配合著作权人进行侵权行为的查处。网络服务提供者的责任是多重的，不仅包括遵守法律规定，还包括通过技术和管理手段预防侵权行为，以及建立有效的审查机制，配合著作权人进行侵权行为的查处。他们的角色和行为直接关系到网络环境下的著作权能否得到有效的保护。

三、著作权人的维权行为

在网络环境下，著作权人的角色尤为重要。他们是著作权保护的主体，是确保著作权得到有效保护的关键因素。然而，维护著作权并非易事，尤其是在复杂多变的网络环境下。对于著作权人来说，积极行使权利，对于已发现的侵权行为，通过法律途径进行追诉，维护自身的合法权益，是其应对网络环境下的侵权挑战的有效方式。

著作权人是著作权的主要受益者，他们的积极参与是维护著作权的关键。然而，网络环境为著作权侵权行为提供了更大的空间和可能性，侵权人可以轻易地复制和传播他人的作品，而不必承担太多的法律风险。在这种情况下，著作权人需要更加积极地行使自己的权利，对于侵权行为采取果断的法律行动。著作权人可以通过多种方式行使他们的权利。首先，他们可以自己或通过律师监控网络，及时发现并处理侵权行为。其次，对于侵权行为，著作权人可以要求侵权人停止侵权，赔偿损失，甚至提起诉讼。此外，著作权人还可以通过著作权管理机构，集体行使他们的权利。这些机构可以帮助著作权人追查侵权行为，进行集体谈判，甚至提起诉讼。

对于侵权行为的追诉是著作权人维护自身权益的重要手段。法律途径的追诉不仅可以为著作权人带来经济赔偿，也有利于提高公众的著作权意识，震慑潜在的侵权人。然而，追诉过程可能会十分复杂，涉及的法律问题也可能十分复杂。因此，著作权人在追诉过程中可能需要寻求专业的法律帮助。著作权人的维权行为不仅关乎自身的利益，也会对社会的著作权保护环境产生影响。通过积极行使权利，著作权人可以推动社会对著作权的尊重，提高公众的著作权保护意识，推动《著作权法》的执行，促进公平竞争。此外，他们的维权行为也可以促进创新，鼓励更多的人投入创作活动。

著作权人在网络环境下的著作权保护中扮演着重要角色。他们积极行使权利和进行维权行为，是确保著作权得到有效保护的关键。

四、公众的参与

在网络环境下的著作权保护中，公众起着无可替代的作用。公众的态度和行为直接影响着著作权的实施效果，而提高公众对著作权保护的意识是实现有效保护的关键。

公众的尊重和理解是著作权保护的基础。如果公众不尊重著作权，或者不理解著作权，那么任何的法律规定和制度建设都无法实现对著作权的有效保护。因此，提高公众对著作权保护的意识是重中之重。这可以通过多种方式实现，如进行公众教育，开展著作权保护的宣传活动，甚至在学校中设立相关课程，都可以帮助公众了解著作权的重要性和保护著作权的方法。教育和宣传活动是提高公众对著作权保护意识的有效方式。这些活动可以帮助公众理解著作权的含义，了解侵犯著作权的后果，提高他们的法制观念和道德素质。此外，通过教育和宣传活动，公众也可以了解如何保护自己的著作权，如何避免侵犯他人的著作权，这对于形成健康的网络环境具有重要意义。尊重与保护著作权不仅是法律的要求，也是公众的道德责任。公众应尊重他人的劳动成果，避免非法复制和使用他人的作品。同时，公众也应保护自己的著作权，对于侵犯自己权利的行为，应通过合法途径予以维权。只有这样，才能形成尊重与保护著作权的良好社会氛围。

公众的参与在网络环境下的著作权保护中起着至关重要的作用。提高公众对著作权保护的意识，提高公众的法制观念和道德素质，可以有效促进著作权的保护。

五、国际的交流与合作

在全球化的网络环境下，国际的交流与合作在著作权保护中具有重要意义。跨国著作权侵权行为成为一个全球性的问题，需要各国共同努力，通过国际的交流与合作，建立起国际著作权保护的共治机制。

国际的交流与合作是打击跨国著作权侵权行为的关键。在网络环境下，侵权行为可以跨越国界，其往往涉及多个国家的参与者。只有通过国际的交流与合作，才能更好地追踪和打击这些侵权行为。各国之间可以加强情报分享，共享侵权行为的证据，共同开展侵权调查和打击行动，形成合力，加大对侵权人的打击力度。此外，各国还可以利用国际公约和双边协定，建立起国际著作权保护的共治机制。国际公约和双边协定提供了一种共同的框架和规则，各国可以在此基础上加强合作，协同应对跨国著作权侵权行为。这些公约和协定可以涵盖著作权保护的各个方面，如侵权行为的界定、侵权行为的追究和惩罚、知识产权的跨国争议解决机制等，为各国提供指导和支持。

国际的交流与合作还可以促进不同国家之间的经验和最佳实践的分享交流。各国可以相互学习和借鉴，在著作权保护方面分享成功的经验和有效的实施策略。通过交流，各国可以加深对不同国家法律制度和执行机构的了解，增进互信，推动合作的深入发展。

国际的交流与合作还可以在国际舞台上推动著作权保护的标准和规范的制定与推广。各国可以共同参与国际组织和国际会议，就著作权保护的重要问题进行讨论和协商，推动建立公认的国际标准，加强国际社会对著作权保护的认识。这有助于建立一个公平、有序和稳定的国际著作权保护环境。

总之，国际的交流与合作在网络环境下的著作权保护中具有重要作用。通过加强合作、建立共治机制、分享经验和最佳实践、推动国际标准的制定与推广，各国可以共同应对跨国著作权侵权行为，建立起一个全球范围内的健康、公平和有效的著作权保护体系。

六、新型保护机制的研究与探索

随着科技的不断进步，新兴技术如区块链等为著作权保护提供了全新的可能性。这些新型保护机制有望解决传统著作权保护中存在的一些难题，为权利人和创作者提供更强大的保护工具。

区块链技术可以为作品提供可追溯性和不可篡改性的特性，这为著作权保护提供了新的解决方案。具体来说，区块链技术可以将作品的著作权信息和交易记录以区块链的形式进行存储，建立起一个可信、透明的著作权登记系统。这样一来，著作权人就可以通过区块链技术追踪和证明其作品的著作权归属，有效避免著作权侵权行为和纠纷。同时，利用区块链技术的智能合约功能，可以实现自动化的著作权管理和授权，提高著作权交易的效率和便捷性。区块链技术还可以改变传统著作权保护中的中心化模式。传统上，著作权保护往往依赖于中介机构的认证和监管，存在一定的信任成本和中介费用。而区块链技术的分布式特性使得著作权保护可以去中心化，减少中介环节，提高著作权保护的效率和公正性。利用区块链技术，可以建立起一个去中心化的著作权平台，将著作权信息和交易记录直接存储在区块链上，实现著作权的自主管理和公开验证。利用区块链技术，还可以加强著作权保护的执行和执法能力。由于区块链上的信息具有不可篡改的特性，著作权人可以通过区块链技术提供的证据链来追踪和证明侵权行为。这为著作权保护提供了更强有力的证据支持，有助于加强对侵权行为的追究和惩罚。同时，智能合约的应用，也可以实现自动化的著作权监测和侵权行为的自动处理，提高著作权保护的实时性和有效性。

尽管区块链技术在著作权保护领域的应用还处于初级阶段，但其潜力和前景令人振奋，不过，也需要注意区块链技术本身的局限性和带来的挑战。例如，区块链技术的可扩展性和安全性等方面仍需要进一步研究和改进。此外，还需要解决其与现有法律框架的衔接问题，确保区块链技术在著作权保护中的合规性和可操作性。

研究与探索新型保护机制，可以为著作权保护提供新的方向和工具。区块链技术的应用，可以实现著作权信息的透明化、可追溯和可验证，减少中介环节，加强著作权保护的执行能力。然而，其仍需持续研究和实践，以解决技术和法律等方面的问题，推动新型保护机制的实际应用。

参考文献

[1] 冯晓青 . 著作权法 [M]. 北京：法律出版社， 2010.

[2] 王渊 . 著作权法典型案例评析 [M]. 北京：知识产权出版社， 2021.

[3] 李扬 . 著作权法基本原理 [M]. 北京：知识产权出版社， 2019.

[4] 姜福晓 . 数字网络技术背景下著作权法的困境与出路 [M]. 北京：知识产权出版社， 2017.

[5] 李俊平，曾芳芳 . 著作权纠纷案例与实务 [M]. 北京：清华大学出版社， 2016.

[6] 史辉 . 网络著作权制度研究：权利保护、限制与交易 [M]. 北京：金城出版社， 2017.

[7] 王迁 . 网络环境中的著作权保护研究 [M]. 北京：法律出版社， 2011.

[8] 吴伟光 . 著作权法研究：国际条约、中国立法与司法实践 [M]. 北京：清华大学出版社， 2013.

[9] 刘洁 . 我国著作权集体管理制度研究 [M]. 北京：中国政法大学出版社， 2014.

[10] 孙昊亮 . 网络环境下著作权的边界问题研究 [M]. 北京：法律出版社， 2017.

[11] 刘华俊 . 著作权诉讼典型案例指引 [M]. 北京：知识产权出版社， 2018.

[12] 冯晓青 . 动态平衡中的著作权法："私人复制"及其著作权问题研究 [M]. 北京：中国政法大学出版社， 2011.

[13] 张玲玲 . 网络服务提供者侵犯著作权责任问题研究 [M]. 北京：中国人民大学出版社， 2019.

[14] 王玉涛，刘柳 . 数字时代著作权保护利益冲突经济分析 [J]. 中阿科技论坛（中英文），2022（9）：206-210.

[15] 梅傲，侯之帅 . 短视频著作权保护的现实困境及完善进路 [J]. 大连理工大学学报（社会科学版），2022，43（6）：93-99.
[16] 牛淮田 . 电子游戏“换皮”侵权认定问题研究 [J]. 河南科技，2022，41（16）：121-127.
[17] 李艳军 . 论网络著作权行政保护的困境与对策 [J]. 白城师范学院学报，2022，36（4）：16-20.
[18] 罗进 . 网络游戏直播画面的著作权保护探究：以“W 公司诉 H 公司游戏侵权案”为例 [J]. 法制博览，2022（24）：154-156.
[19] 王晓晨 . 论侵犯著作权罪中的“复制发行”[D]. 北京：中国人民公安大学，2022.
[20] 张维 . 人工智能生成物的著作权保护研究 [D]. 北京：中国人民公安大学，2022.
[21] 黄汇，郑诗婷 . 混剪视频著作权保护的制度困境与纾解之道 [J]. 科技与法律（中英文），2022（3）：24-32.
[22] 余博 .“喜羊羊”著作权许可合同纠纷案研究 [D]. 贵阳：贵州师范大学，2022.
[23] 颜宇彤 . 网络文学作品的著作权保护研究 [D]. 株洲：湖南工业大学，2022.
[24] 任小奇 . 同人作品著作权问题研究：以查良镛诉杨治著作权权属、侵权纠纷等案例为视角 [D]. 贵阳：贵州民族大学，2022.
[25] 蔡金燕 . 混剪短视频著作权保护问题研究 [D]. 桂林：广西师范大学，2022.
[26] 储蓄 . 短视频著作权合理使用认定问题研究 [D]. 蚌埠：安徽财经大学，2022.
[27] 张凝 . 自媒体“洗稿”行为著作权侵权认定研究 [D]. 大连：辽宁师范大学，2022.
[28] 陆沁 . 同人作品著作权侵权认定研究 [D]. 无锡：江南大学，2022.
[29] 魏佳，李慧 . 从《费晓雾的奇幻天空》数字版权纠纷谈数字出版著作权法律保护问题 [J]. 出版广角，2022（10）：88-91.
[30] 孙诗琦 . 网络著作权的刑法保护研究 [D]. 哈尔滨：哈尔滨商业大学，2022.
[31] 张德芬，张炎坤 . 论网络著作权的默示许可限制：以“钓鱼维权”行为的

防治为例 [J]. 陕西行政学院学报，2022，36（2）：81-86.
[32] 刘雁羽 . 机器人写作著作权保护问题研究 [D]. 昆明：云南财经大学，2022.
[33] 杨宇 . 论网络游戏二次创作物（作品）的著作权保护 [D]. 长春：吉林大学，2022.
[34] 周露 . 拼装模型的著作权侵权认定：以 FX 公司诉 DF 公司、YX 公司侵害著作权案为例 [D]. 绵阳：西南科技大学，2022.
[35] 洪铭谦 . 传统工艺美术作品的著作权归属与侵权问题：以歙砚为例 [J]. 黄山学院学报，2022，24（2）：15-19.
[36] 焦香豫 . 网络短视频著作权保护研究 [D]. 重庆：西南大学，2022.
[37] 高卓辉 . 邻接权客体扩展研究 [D]. 兰州：甘肃政法大学，2022.
[38] 吴汉东，刘鑫 .《著作权法》第三次修改的立法安排与实施展望 [J]. 法律适用，2022（4）：31-40.
[39] 李佩文 .《著作权法》修法后新类型作品的认定研究 [D]. 重庆：重庆工商大学，2022.
[40] 刘山群，钟蓓 . 数字时代著作权集体管理组织制度存在问题及解决路径 [J]. 四川省干部函授学院学报，2022（1）：115-120.
[41] 高洁 . 新媒体时代下的新闻版权保护：以“洗稿”为例 [J]. 传播与版权，2022（3）：7-10.
[42] 张诗雨 . 著作权滥用的法律规制研究 [D]. 北京：中国政法大学，2022.
[43] 冯晓青 . 我国著作权客体制度之重塑：作品内涵、分类及立法创新 [J]. 苏州大学学报（法学版），2022，9（1）：80-96.
[44] 林威宇，林威光 . 影视解说类短视频的合理使用问题探析：以谷阿莫案为切入点 [J]. 西部学刊，2022（3）：67-70.
[45] 赵立韬 . 对网络著作权有效保护问题的思考 [J]. 传播与版权，2021（12）：110-112.
[46] 王迁 . 论著作权保护刑民衔接的正当性 [J]. 法学，2021（8）：3-19.
[47] 锁福涛，张岚霄 . 论“洗稿”行为的著作权侵权判定与治理路径 [J]. 中国出版，2021（15）：56-60.
[48] 李然 . 数字传播中著作权非自愿许可研究 [D]. 上海：华东政法大学，2021.

[49] 莫建莉 . 民间文学艺术表达的著作权法保护研究 [D]. 上海：华东政法大学，2021.
[50] 魏琛钰 . 论网络环境下的著作权合理使用制度 [D]. 南昌：南昌大学，2021.
[51] 丁诗妮 . 论著作权侵权不停止的适用 [D]. 上海：上海财经大学，2021.
[52] 张倩 . 网络游戏著作权法律问题研究 [D]. 长沙：湖南师范大学，2021.
[53] 徐靓 . 文字作品虚拟角色著作权保护研究 [D]. 哈尔滨：哈尔滨工程大学，2021.
[54] 郭同同 . 论重混作品的著作权保护 [D]. 蚌埠：安徽财经大学，2021.
[55] 吴佳琪 . 自媒体著作权法律保护问题研究 [D]. 桂林：桂林电子科技大学，2021.
[56] 周澎 . 算法生成物的著作权保护研究 [D]. 武汉：中南财经政法大学，2021.
[57] 王优 . 网文平台独家授权格式合同的著作权法规制 [D]. 西安：西北政法大学，2021.
[58] 王林 . 著作权损害赔偿司法理念的审视与重构 [D]. 合肥：合肥工业大学，2021.
[59] 艾永涛 . 侵犯著作权罪“以营利为目的”立法研究 [D]. 武汉：中南财经政法大学，2021.
[60] 柯力 . 影评类短视频著作权合理使用认定研究 [D]. 武汉：中南财经政法大学，2021.
[61] 郑园莉 . 云网盘服务中的著作权保护研究：以“北京焦点诉百度网盘侵权”案为例 [D]. 兰州：兰州大学，2021.
[62] 刘胜红 . 新《著作权法》实施的意义与相关内容解读 [J]. 出版参考，2021（3）：5-9.
[63] 石宏 .《著作权法》第三次修改的重要内容及价值考量 [J]. 知识产权，2021（2）：3-17.
[64] 王迁 .《著作权法》修改：关键条款的解读与分析（上）[J]. 知识产权，2021（1）：20-35.
[65] 刘承韪 . 论著作权法的重要修改与积极影响 [J]. 电子知识产权，2021（1）：4-13.

[66] 米新磊 . 著作权法修改能否厘清文娱作品“合理使用”边界 [J]. 中国律师，2021（1）：56-57.

[67] 方达夫 . 浅析微信公众号著作权侵权问题 [J]. 滁州职业技术学院学报，2020，19（2）：62-66.

[68] 唐伶俐 . 我国网络原创文学的著作权法律问题与对策分析 [J]. 传媒，2017（22）：73-76.

[69] 蒋硕 . 对微博著作权保护的立法建议：以 A 公司图片被侵权为例 [J]. 法制博览，2017（23）：227.

[70] 陈从莹 . 慕课中的版权问题分析 [D]. 哈尔滨：黑龙江大学，2017.

[71] 孙彦 . 著作权行政管理体制改革研究 [J]. 科技与法律，2016（3）：510-532.

[72] 宗贝贝 . 微阅读平台版权问题探析 [D]. 开封：河南大学，2016.

[73] 岑励 . 我国网络文学的版权开发研究：以《花千骨》为例 [D]. 南京：南京大学，2016.

[74] 余建川 . 论网络实时转播行为的性质及著作权法规制：兼谈对著作权法第三次修改草案中“播放权”的认识 [J]. 企业导报，2015（13）：165-166.

[75] 自正法，张波 . 论我国数字版权合理使用制度的缺陷及完善对策 [J]. 编辑之友，2014（11）：86-90.

[76] 苌文玲 . 论著作权法中的“广播权”与“信息网络传播权”：以著作权法第三次修改为背景 [J]. 知识经济，2014（3）：21-22.

[77] 熊琦 . 著作权集中许可机制的正当性与立法完善 [J]. 法学，2011（8）：101-110.